Julio Martín Alarcón (Madrid, 22 de abril de 1977) es un perio-
dista y escritor español. Dedicado a la investigación y divulgación histórica, es articulista de *El Confidencial*. Fue redactor de
El Mundo y la revista *La Aventura de la Historia* entre 2004 y
2016, donde fundó y coordinó la sección digital de Historia en
elmundo.es. Es autor también de *La ofensiva de Cataluña. Diciembre de 1938* sobre la Guerra Civil Española.

Twitter: twitter.com/Julio_M_Alarcon

Papel certificado por el Forest Stewardship Council

Primera edición: marzo de 2018

© 2016, Julio Martín Alarcón
© 2016, 2018, Penguin Random House Grupo Editorial, S. A. U.
Travessera de Gràcia, 47-49. 08021 Barcelona
© Del material gráfico: Archivo del propio autor,
Archivo Pilar Sanz Briz, Yad Vashem,
Bundesarchv, National Arhives, Kew. U.K,
Archivo Gábor Toth, Archivo László Sorg

Printed in Spain – Impreso en España

ISBN: 978-84-9070-444-8
Depósito legal: B-282-2018

Impreso en Novoprint
Sant Andreu de la Barca (Barcelona)

BB 0 4 4 4 8

Penguin
Random House
Grupo Editorial

El Ángel de Budapest

JULIO MARTÍN ALARCÓN

Introducción

En los primeros meses que empleé en la documentación de la historia de Ángel Sanz Briz, me encontré con estas palabras de su entonces viuda Adela Quijano: «Su sentido de lo humano y lo humanitario era el de una persona normal: por eso no comprendió jamás esa demencia colectiva de los nazis.» Se quedaron en un cajón de mi memoria y proseguí con otros menesteres: cómo, cuándo, quiénes... No volví a ellas hasta mucho después. Adela las pronunció para un artículo en 1994, cuando los periódicos empezaban a descubrir a Sanz Briz. Lo que me llamaba la atención de esa frase, fruto de lo cual se fijó en mis ideas, eran dos palabras: «normal» y «colectiva». Adela quería decir que el estado natural de una persona era incompatible con la repugnante actuación de los nazis y sus seguidores. Pero no pude dejar de advertir esa ironía, debido a la acepción de «normal» que indica, precisamente, lo que sirve como norma, como regla, como modelo. Y la norma en Hungría fue, claro está, la «demencia», que por algo fue «colectiva»: el asesinato masivo no fue obra de un loco aislado, ni de unos pocos: sino de un conjunto de decretos, ordenanzas y leyes que ejecutaron las fuerzas del orden. En ese contexto, Sanz Briz, no siguió la norma, sino que actuó de forma extraordinaria: protegiendo y salvando a miles de judíos condenados a sufrir la degradación y exterminio por parte de los nazis. Es la razón por la que nos zambullimos en su historia. Y sin embargo, entre su colectivo, el de los diplomáticos de los países neutrales, la regla estuvo clara: una oposición activa a la tortura y asesinato masivo promovido y ejecutado por los poderes del Estado. Solo así es posible entender los acontecimientos de Hungría en 1944: el país en donde más rápidamente se llevó a la práctica la Solución Final: medio millón de personas exterminadas en menos de un mes, y a su vez en el que más judíos fueron protegidos y salvados de los nazis en toda la guerra: algo más de 30.000. Sanz Briz actuó junto a otros, ejerciendo el liderazgo por los poderes que le otorgaba su cargo: representar los intereses de España en el extranjero. Sebastián Romero de Radigales, el cónsul español en Atenas en 1943, había advertido ya a sus superiores del «profundo descrédito en el que está cayendo España y los españoles ante su actitud frente al problema judío», cuando el gobierno declinó repatriar a los sefardíes de Salónica. Ángel Sanz Briz enmendó en parte la imagen del país en el exterior, que hasta entonces se había nutrido de los saludos con el brazo en alto y la parafernalia filonazi del régimen franquista. Inevitablemente, hay dos vertientes en esta historia: la del coraje personal de Sanz Briz, extendiendo sus acciones humanitarias mucho más allá de sus atribuciones, y la del funcionario, el hombre de Estado que cumplió con su trabajo. En la declaración de Adela a la prensa yo le había cortado el principio intencionadamente: «Ángel era un hombre muy concienzudo: un diplomático de los pies a la cabeza.» A mí me emociona el Sanz Briz que cumple su deber con la discreción y altura que requiere lidiar con las autoridades de otro país casi más que el hombre que acogió en su casa a unos sesenta judíos perseguidos, al margen totalmente de su cargo, y poniendo en riesgo su vida. Sanz Briz era joven cuando recayó en él la gran responsabilidad de estar al cargo, no solo de sus propios actos sino de los de todos los de su personal. No actuó solo, sino coordinado con las otras misiones extranjeras y la Cruz Roja, y con la ayuda de sus empleados y colaboradores: el abogado Zoltán Farkas, la secretaria Madame Tourneé y su hijo Gaston y el italiano apadrinado por el propio Sanz Briz, Giorgio Perlasca. Con ellos vivió seis intensos meses en los que lucharon contra la maquinaria más eficiente del mal que haya conocido la historia. Los límites del diplomático partían de Madrid: sin su autorización jamás habría podido desplegar sus acciones. Durante todo el verano de 1944, Sanz Briz, que ya estaba al frente de la legación tras la marcha del embajador Miguel Ángel Muguiro, solo pudo informar de las atrocidades y asistir a las reuniones que organizaron los países neutrales bajo la batuta del enviado del papa, el nuncio apostólico monseñor Angelo Rotta. Con ellos llegó a firmar notas de protesta ante el gobierno húngaro para que se detuvieran las deportaciones a Auschwitz. Al menos en una ocasión lo hizo sin conocimiento de su gobierno, que le reprobó por ello. Sin embargo, cuando el Ministerio de Asuntos Exteriores decidió actuar en Budapest por las presiones de las organizaciones internacionales judías, Sanz Briz obtuvo la autorización para salvar al máximo número de judíos. Así comenzó la labor más decisiva del diplomático, que actuó de acuerdo con su gobierno pero con sus propias ideas. Tras arduas negociaciones con las autoridades húngaras del partido nazi Cruz Flechada consiguió el permiso para proteger, primero, a 100 judíos y después a 300. Era el cupo para pasaportes que se le concedió. Sanz Briz los convirtió en 358 pasaportes provisionales, 45 ordinarios y 1.892 cartas de protección, expedidas con su firma y el sello del gobierno de España, que protegieron de la persecución, la deportación, las marchas de la muerte y las matanzas a orilla del Danubio y en las calles a todos ellos. Antes de eso ejerció su cometido informando y participando de la vida política del país en el que desde el 19 de marzo de 1944 los nazis imponían su voluntad al regente del reino de Hungría, Miklós Horthy. El español se entrevistó con el regente, recibió en la legación el informe que desvelaría al mundo los horrores de Auschwitz, comprobó en las calles como los judíos de Budapest eran progresivamente estigmatizados y segregados, estuvo al tanto de las conspiraciones que se sucedieron en el gobierno húngaro para salir de la guerra y las de los partidarios de permanecer en ella al lado de Alemania... La historia de la Solución Final en Hungría supuso la muerte de casi medio millón de sus ciudadanos. He creído absolutamente necesario acercarme a cómo se produjo, ya que no solo Sanz Briz fue testigo e informó de ello, sino que definió la forma en la que se desarrollaron los acontecimientos. Cuando saltó la tapa de los horrores de Auschwitz, los diplomáticos fueron los primeros extranjeros en saberlo.

Tendemos a calificar la Solución Final como algo fruto de la «demencia», pero es erróneo. Los actos del Tercer Reich estuvieron planeados, ejecutados y supervisados por personas inteligentes que estaban en plena posesión de sus facultades cuando se aplicaron a la tarea de borrar del planeta a seis millones de seres humanos. Fue la razón la que articuló las leyes de Nüremberg. Es también el motivo de que 70 años después sigamos escribiendo de ello. Adolf Eichmann fue también un diligente funcionario. Su dedicación a la hora de interpretar los designios de la Solución Final desarrolló nuevas formas de tortura en las postrimerías de la guerra: cuando se acabaron los trenes para deportar a los judíos les obligó a conducirse por sus propios pasos hasta los campos de concentración. Las marchas forzadas harían agonizar hasta la muerte a muchos de ellos. Sanz Briz hizo lo posible por evitarlo: pudo recuperar a 30 a los que consiguió hacer retornar del infierno. Fue uno de los momentos más trágicos de dos meses, octubre y noviembre, en los que el golpe de Estado de Ferenc Szálasi, líder del Partido de la Cruz Flechada, imprimió el último capítulo de la deriva asesina que vivió Hungría. Crearon los guetos de Budapest y promovieron las matanzas en las calles, las orillas del Danubio, las casas donde se refugiaban los judíos. Sin embargo, el número de judíos deportados y asesinados por los nazis fue mucho mayor antes del caos revolucionario de Szálasi. Bajo la regencia del almirante Horthy, el jefe del Estado desde 1920, se produjo la aniquilación de casi medio millón. El orden y la aparente estabilidad que brindaba el veterano gobernante facilitó que el gobierno pro nazi que él mismo constituyó aplicara el *Judenrein* —el Estado libre de judíos— en las provincias. Razón por la cual abordo sus decisiones y su encuentro con Sanz Briz, en el que trató de justificar su política. La comunidad judía húngara fue la última que sufrió la persecución de los nazis. Hacia 1944 ya eran conscientes de las matanzas del Tercer Reich y, en Budapest, los sionistas habían organizado un comité de salvamento que ayudaba a escapar a los perseguidos hasta Hungría, en donde estuvieron seguros hasta la invasión de los nazis. Sus acciones y su posterior negociación con Adolf Eichmann para salvar vidas es el acompañamiento a la de los diplomáticos extranjeros. Su historia y la del Consejo Judío —*Judenrat*—, que demoró informar sobre las atrocidades de Auschwitz, es también un vértice clave de esta historia. Sanz Briz fue uno de los primeros que tuvo acceso al informe sobre el secreto campo de exterminio, que le fue facilitado precisamente por la junta directiva de los sionistas, que tardó en darlo a conocer mientras comenzaban las deportaciones. Los únicos responsables de la matanza fueron los nazis y sus colaboradores pero la actividad de los judíos prominentes, como los del comité de rescate y el Consejo Judío, fue escrutada con lupa por los supervivientes después de la guerra. En Inglaterra encontré un pedazo de esa dolorosa historia que transcurrió en el despacho del presidente del Comité Judío de Budapest, Samu Stern. El investigador israelí Yehuda Bauer explicó que no se podía juzgar a los Judenrat de forma general, porque no hubo dos situaciones iguales. La de Budapest es una buena muestra del particular dilema que tuvieron que enfrentar. Por otra parte, los aliados ganaron la guerra y con la victoria enterraron a Hitler, el nazismo y la Solución Final. La matanza de judíos, de la que se tenía constancia en el Frente Este, nunca fue una prioridad y no alteró significativamente su política de inmigración hasta el verano de 1944. El presidente de Estados Unidos, Franklin. D. Roosevelt, creó el War Refugee Board a instancias de su secretario del Tesoro, Henry Morgenthau Jr., que pretendía arreglar la nula coordinación existente en las operaciones de salvamento durante el transcurso de la guerra. Su actividad en España coincidiendo con la operación de Sanz Briz en Budapest, fue el cambio de la política internacional respecto a los refugiados que ayudó también al régimen franquista a implicarse más en su salvamento.

Franco nunca persiguió a los judíos, permitió que entraran en España primero, salvando a decenas de millares de la deportación a los campos de exterminio y autorizando después al personal diplomático a protegerlos en los países ocupados. La política, en cualquier caso, no fue uniforme y dependió del momento. Hasta 1943 España había permitido la entrada de refugiados, pero no repatrió a los sefardíes fuera de ellas. Cuando a principios de 1944 rectificaron, muchos estaban ya en campos como el de Bergen-Belsen. Las legaciones no siguieron un procedimiento común y los representantes diplomáticos interpretaron las órdenes de forma desigual, según también el lugar, el momento y las circunstancias que fueron muy distintas en Rumanía, Grecia, Bulgaria, Francia, Alemania o Hungría. El Gobierno español no se guio principalmente por el humanitarismo; su mayor razón fue la supervivencia del régimen franquista, lo que para sus dirigentes era idéntico, a su vez, al «bien de España». Nunca se pensó en dar asilo a los judíos apátridas, ni tampoco a los sefardíes; se les ofreció la oportunidad de escapar, pero no quedarse como ciudadanos españoles. Es preciso, también, reconocer que no se distinguió especialmente en eso del resto de la comunidad internacional. Durante seis largos años casi ningún país quiso acoger a refugiados, y mucho menos a apátridas, entre ellos Estados Unidos y Gran Bretaña.

El supuesto interés nacional llevó a los dirigentes de Hungría a claudicar ante los horrores del nazismo: más de medio millón de seres humanos, de húngaros, murieron en las cámaras de gas. El nacionalismo no hizo nunca nada por nadie. En pleno siglo XXI sigue habiendo guerras, masacres, asesinatos, desplazados, refugiados de guerra y apátridas que deambulan entre fronteras buscando un lugar en el que su vida valga algo. Cualquier comparación histórica está condenada de antemano al fracaso, pero si de algo sirve el pasado es para reflexionar. Aborrecer el nacionalismo no significa no sentir amor por tu país. Sanz Briz amaba su tierra, por eso defendió su nombre en El Cairo, Budapest, El Salvador, Guatemala, Estados Unidos, Holanda, China y la Santa Sede. Esta es la historia de los diez meses que vivió en Budapest, cuando el Tercer Reich destruyó el último país de Europa que pudo antes de su derrota.

Preludio

Budapest-Londres, mayo de 2016-abril de 1944

El joven Thomas deambulaba entre los despachos del edificio de la Sip Utca a la espera de algún encargo de sus jefes. Apenas había cumplido los dieciséis años y trabajaba como mensajero y de chico para todo en la sede del Consejo Judío de Budapest. Llevaba la estrella amarilla cosida al pecho, lo que le habría incapacitado para andar por las calles antes de las doce del mediodía o después de las seis de la tarde, pero llevaba consigo un permiso especial debido a sus pequeñas funciones en el consejo. A abril le quedaban pocos días, era 1944 y los nazis habían desfilado por sus calles algo más de un mes antes. Las leyes y ordenanzas les aprisionaban cada vez más formando un cerco visible por el oprobio de David, que para los nazis significaba una raza, no la profesión de una fe. Thomas y su madre Frida no eran religiosos, y aunque provenían de Austria y hablaban alemán se consideraban húngaros. El idioma era la razón por la que ambos trabajaban para el *Judenrat*, el Consejo Judío que había impuesto Adolf Eichmann, el teniente coronel de las SS, para la implementación de las órdenes de la Solución Final en Hungría.

Thomas E. Konrad, ahora un octogenario que reside en una acomodada residencia para ancianos junto a su mujer en Winchester, a una hora y media aproximadamente en tren desde la estación de Waterloo en Londres, rememora aquella mañana de abril porque marcaría el curso de su vida y la de su familia para siempre. En el edificio del distrito VII de Budapest, en el corazón del entonces gran barrio judío de la ciudad, aguardaba, como cualquier otro día, algún papel que llevar entre despachos o a otro punto de la ciudad. Esa mañana ocurrieron dos cosas inusuales: primero, se produjo un cierto revuelo con la llegada de unos extranjeros que fueron directos a uno de los despachos más importante del edificio, el que ocupaba Samu Stern, presidente del Consejo Judío en abril de 1944.

—Yo estaba enfrente del despacho sentado en un banco.

—¿Enfrente del despacho de Samu Stern?

—Sí.

A pesar de llevar más de media vida en Inglaterra, Thomas aún guardaba un fuerte acento extranjero. Según me iba desgranando la historia de su vida me tensé esperando el punto al que estábamos a punto de llegar. El final de la escena sigue estando envuelto entre dudas, pocas certezas y una controversia que aún produce rencor.[1] Quería escucharlo de alguien que sobrevivió a la persecución y que estuvo presente en uno de los acontecimientos trágicos sobre el destino de más de medio mi-

1. El impacto de las decisiones del Comité Judío durante las deportaciones de Hungría se analiza en un capítulo posterior.

llón de húngaros. Serían enviados a los campos de la muerte tan solo unos días después de ese instante. El presidente del Consejo Judío recibió esa misma mañana a un alto oficial de las SS acompañado por otros dos miembros que formaban parte del *Sonderkommando* nazi. Los alemanes habían ocupado Hungría el 19 de marzo de 1944 manteniendo una aparente independencia del país, pero tutelaban ya al Gobierno húngaro, que había cambiado pocas semanas después de la ocupación.

—¿El hombre que llegó tras la marcha de los dos extranjeros al despacho de Stern era Adolf Eichmann?

—Eso me lo contaría mi madre, yo vi entrar al grupo al despacho. Poco después de su llegada llamaron a mi madre, que sabía alemán y trabajaba como intérprete en el Consejo General Judío.

—¿Usted seguía en la puerta del despacho de Samu Stern mientras se produjo la reunión? ¿Durante cuánto tiempo?

—No lo recuerdo, solo sé que cuando mi madre salió no pudo contener las lágrimas. Yo le preguntaba: ¿qué te pasa, que ha ocurrido ahí dentro? Pero no quería decirme nada concreto, solo que era todo terrible.

La madre de Thomas, Fridericka Konrad, había trabajado durante algún tiempo en el *Pester Lloy*, un diario alemán de Budapest, pero cuando se produjo la ocupación alemana y este se convirtió en un tabloide de propaganda nazi había dejado el trabajo. Encontró un puesto como traductora para el Consejo Judío, que ejercía la autoridad que dictaban los nazis. Es decir, una macabra ilusión según el estudiado cinismo de las SS.

—No fue hasta el mediodía cuando por fin pude sonsacarle lo que había ocurrido. Lo que escuché fue que después de haber escuchado el relato de dos extranjeros, yugoslavos o eslovacos, no lo recuerdo bien, que narraron lo que ocurría en Auschwitz. Eichmann fue a hablar con el consejo, según el relato de mi madre, que estaba presente traduciendo la conversación. Lo que ocurrió allí fue quizás aún más terrible: Eichmann convenció a Samu Stern de que los judíos no debían conocer lo que estaba ocurriendo porque sería peor y que necesitaba el silencio de las autoridades judías. Samu Stern aceptó sus demandas bajo el argumento de que no quería que cundiera el pánico entre la población. Debían manejarlo con sensibilidad, puesto que lo veían inevitable y quizá solo con discreción podrían tomar las medidas necesarias para evitar el drama, salvar a unos cuantos judíos. Stern escondió la terrible verdad a muchos de los judíos que no imaginaban lo que les iba a ocurrir.

Samuel Stern sobreviviría a la ocupación nazi y explicaría sus argumentos terminada la guerra.[2]

Después de un rato de silencio, mientras ordenaba la supuesta actuación de Stern con el momento en el que el encargado de Negocios de la legación española, Ángel Sanz Briz, enviaría el informe sobre las atrocidades de Auschwitz al Gobierno de Franco en Madrid, me vinieron a la cabeza las palabras de Benjamin Murmelstein, el que fuera el presidente del Consejo Judío en el gueto modelo de Theresienstadt, «el último de los injustos», como él mismo se definiría. Murmelstein, odiado por una gran parte de los supervivientes, comparó el *Judenrat* con la leyenda de oriente por la cual «un día al año se elegía a un esclavo al que le hacían rey y se burlaban y mofaban de él, [...] el consejo era la única marioneta a la que se le exigió que moviera los hilos».

2. En sus memorias, Samu Stern reconoció haber conocido lo que ocurría en Auschwitz antes de producirse las deportaciones.

Al poco tiempo les tocó el turno a ellos y me invadieron con algunas preguntas sobre mi investigación. No conocían a Ángel Sanz Briz. Les expliqué que había salvado al menos a 3.000 judíos de la muerte durante el otoño de 1944. Los tres sabíamos que eran una gota dentro del océano. Cerca de medio millón de judíos fueron enviados desde Hungría a Auschwitz en apenas tres meses antes de que los embajadores de los países neutrales pudieran siquiera pestañear. Nadie dijo nada del célebre lema del Talmud «Quien salva una vida, salva al mundo». Me hablaron de los pasaportes suizos expedidos por el «embajador» Carl Lutz[3] y de las cartas de protección del Vaticano. Judith incluso me explicó que había grados. Su madre había conseguido los papeles de Suiza para su familia, pero no sirvieron de nada,[4] al igual que los del Vaticano, que acabaron siendo papel mojado en manos de los Nylas húngaros, los miembros del Partido de la Cruz Flechada de Ferenc Szálasi, que tomarían brutalmente el poder a partir de octubre, cuando los asesinatos se intensificaron en Budapest. Entre los más cotizados estaban los suecos, los que expidió el sueco Raoul Wallenberg, a quien todo el mundo conoce fuera de sus fronteras, a diferencia del español. Pero nada de Sanz Briz. Sí sabían perfectamente cuál era el Gobierno

3. En realidad era vicecónsul de la Embajada suiza. El sueco Raoul Wallenberg es a menudo también confundido con ese cargo, cuando en realidad llegó en junio de 1944 a Budapest como encargado de Negocios, el mismo cargo que Sanz Briz, solo que en el caso sueco la legación sí constaba de un representante con rango de ministro extranjero —embajador—, Ivan Danielson, además de un nutrido personal de cónsul y secretarios como Per Anger.

4. Pudieron ser algunos de los falsificados por el Comité para el Rescate Judío como se explica en otro capítulo.

«fascista del general Francisco Franco». Pensé que si los papeles suizos y los del Vaticano eran menos útiles que los de Wallenberg, los que expidió Sanz Briz fueron quizá más respetados por los Nylas que los anteriores. Entre otras razones, porque Ángel Sanz Briz, un joven de apenas treinta y dos años que se jugó la vida durante meses en Budapest representaba, precisamente, al «Gobierno fascista» del general Francisco Franco.

De regreso a Londres, mientras martilleaban en mi cabeza los detalles más sobrecogedores de la supervivencia a la que tuvieron que hacer frente Thomas y Judith antes de conocerse, durante la ocupación nazi y el régimen asesino de Ferenc Szálasi, intentaba retomar el hilo de los acontecimientos con lo que Sanz Briz había plasmado desde su despacho en la legación española de Budapest en la calle Eötvös. El diplomático español quedó como máximo representante de España a finales de junio y apenas un mes después estaba frente a Miklós Horthy, en un encuentro en el que el jefe del Estado le confió al joven encargado de Negocios cómo había cedido a la invasión alemana. Era necesario comprender cómo había llegado Hungría al terror en los compases finales de la guerra cuando el Tercer Reich no tenía ya ninguna posibilidad. Las condiciones en las que se desarrolló su increíble labor.

1

Calles de Budapest

En él se derraman, a cofres llenos,
los encantos de los buenos deseos
de la sincera consideración germana,
que vuelan alegres en el cauce de su aguas.

FRANZ VON GERNERTH,
Donau So Blau (El Danubio Azul), 1889

Ángel Sanz Briz no conoció la alegre ciudad del antiguo Imperio austrohúngaro, pero sí la despreocupada inconsciencia de un pueblo que apenas vislumbraba la destrucción total de todo lo que había conocido. Tenía treinta y dos años cuando llegó a las orillas del Danubio que separan Buda y Pest. La primera, reflejo de la ancestral nobleza de los magiares, con sus palacios, castillos y villas señoriales. La segunda, el de la pujante burguesía que había abrazado la modernidad de los años treinta truncada por la guerra. Ángel y Adela Quijano, con quien se había casado poco antes en España, habían llegado a la capital de Hungría en abril de 1942. Una isla en el mar de desechos y jirones aprisionado por la bota nazi. Tras atravesar una Europa en llamas,[5] de San Sebastián a París, Viena y Budapest, les aguardaba el segundo destino del joven diplomático. A su fugaz experiencia en El Cairo, importante teatro también de la guerra, le esperaba un país que había entrado en el conflicto un año antes del lado de Alemania, pero que aún no sufría las privaciones, la angustia y la miseria de la amistad nazi. Sanz Briz pertenecía a la única generación de oficiales diplomáticos formados durante la Segunda República. Tres años después de haber sobrevivido a la Guerra Civil se adentraba, recién casado, en el corazón del penúltimo refugio del continente que aún no había sido ocupado por el Tercer Reich. La *Blitzkrieg*, la guerra relámpago alemana de los tres años anteriores, había concluido, tras aplastar cualquier resistencia a su paso y doblegar a Polonia, Bélgica, Holanda, Dinamarca, Francia, Grecia y Yugoslavia. Pronto el mariscal Von Paulus agonizaría hasta la muerte con su mermado VI Ejército de 90.000 hombres en el hielo de Stalingrado. Los Africa Korps de Erwin Rommel habían sufrido un «contratiempo» en el norte de África, según el incansable aliento del ministro de la propaganda nazi, Joseph Goebbels, que consistía en los primeros compases de lo que sería su derrota total a manos de británicos y estadounidenses. En Budapest, Miguel Ángel Muguiro, ministro español en la capital húngara, estaba al frente de una pequeña legación en la calle Eötvös, en el corazón del Distrito VI, a apenas unos pasos de la deslumbrante avenida Andrássy, testigo perenne del sentimiento de independencia de los magiares frente a los autríacos y sello de las obsesiones de sus dirigentes que

5. Entrevista con Adela Sanz Briz.

les arrastrarían hasta los abismos.[6] Gyula Andrássy, el noble magiar favorito de Erzsébet, el nombre en húngaro de quien el mundo conoce como la emperatriz Sissi, la díscola mujer del último emperador de Austria-Hungría, Francisco José. Su huella era entonces, aún hoy lo es, una impresión indeleble en la tradición húngara. Erzsébet, Isabel, es un nombre muy popular en Hungría, y parques, puentes y monumentos llevan su topónimo con orgullo desafiante de su altiva consideración nacional.

El exiguo personal de la calle Eötvös contaba con Elisabeth Tourneé como encargada de la cancillería, una húngara casada con un francés y cuyo hijo Gaston acabaría trabajando también en la legación. Además, estaban el abogado Zoltán Farkas, que técnicamente no pertenecía al cuerpo de la legación extrajera por carecer de un sueldo oficial, el chófer Radas y el recién llegado Sanz Briz, segundo en rango de la legación. Como verso libre quedaba el periodista Eugenio Suárez, corresponsal español en Hungría, y en realidad jefe de prensa de la legación. España era en ese momento un país neutral después de haber cambiado su situación de no beligerante, una de las coartadas del régimen franquista, ya que era un estatus que no reconocía el derecho internacional. Fue el primero de los muchos recovecos de Franco para esquivar a un lado y a otro de los contendientes su cambiante posición y perpetuar el baile de máscaras que practicarían durante la guerra. Aunque Budapest aún vivía inmersa en las noches de las orquestas de zíngaros —*tziganes*—, en la bu-

6. El nacionalismo fue uno de los motores de la regencia de Miklós Horthy, que trataría de recuperar aun a costa de la amistad con los nazis los territorios perdidos en la Primera Guerra Mundial con el Tratado de Paz de Trianón.

lliciosa nocturnidad de los cabarets y los restaurantes y tabernas, la ansiedad tensaba su respiración de tanto en tanto. Era como la vibración de las notas de una cuerda de violín a punto de romperse que al final acierta con un breve zumbido la frecuencia que afina la melodía de nuevo. El miedo habitaba en un pequeño rincón del que solo asomaba tímidamente, empujado rápidamente por las ensoñaciones más optimistas. Pero sus hombres morían ya por millares frente a las tropas soviéticas. El segundo real ejército de Hungría había desaparecido en enero de 1943 durante la segunda batalla de Voronezh. Era el colofón a la batalla de Stalingrado, que cambiaría el curso de la guerra a favor de los soviéticos. Alrededor de 100.000 soldados húngaros, mal equipados, a pesar de la experiencia en combate, habían sido aniquilados tras sostener a duras penas la retaguardia del ejército alemán.

Para entonces, Ángel y Adela llevaban ya casi un año en una gran villa en la parte de Buda, la más noble de la ciudad. Villa Széchenyi era un autentica mansión: 6.000 metros cuadrados de finca y 24 habitaciones, con dependencias separadas para el administrador y los otros empleados. Era propiedad del conde Zsigmond Széchenyi, quien se la había alquilado a Sanz Briz, puesto que se mudaba a otra mansión en el barrio del Castillo.[7] En la fabulosa propiedad acogería a alrededor de sesenta judíos para protegerlos de la persecución. La guerra la borraría del mapa durante el asedio de la ciudad cuando un proyectil incendiario impactó en la casa y la redujo a escombros. De la finca no quedó rastro: acabarían construyendo nueve edificios. Los Sanz Briz gozaban de buena

7. Erzsébet Dobos, *Salvados*, Globobook Publishing, Budapest, 2015.

posición más allá de su cargo oficial. Ángel era el tercero de los hijos de un próspero empresario zaragozano y Adela pertenecía a la acomodada burguesía de Santander.

En el verano de 1943 nació en Budapest su primera hija, Adela. Los bombardeos aliados aún no amenazaban la capital y para el bautizo se reunió la familia con los hermanos de Sanz Briz, que viajaron desde Zaragoza para la ceremonia que ofició el nuncio apostólico del Vaticano, monseñor Angelo Rotta.[8] El enviado diplomático del papa habría de ser una de las personas de confianza del español durante los cruciales meses que afrontarían a partir del verano del año siguiente. Mientras, Budapest se había convertido en un lugar relativamente seguro para los judíos que huían del resto de la Europa ocupada. El antisemitismo se había abierto camino sin dificultad entre decretos, leyes y disposiciones que les marginaban cada vez más. El tradicional catolicismo del país, los gobiernos de tendencia filofascista y la amistad con el Tercer Reich, habían hecho mella en una sociedad que se preparaba, sin saberlo siquiera, para la persecución y el asesinato masivo. Desde 1920 los judíos estaban vetados en la administración y la universidad por un *numerus clausus*: no más del 6 % de ellos. Se habían prohibido también los matrimonios y las relaciones sexuales entre húngaros —magiares— y los judíos, y estos carecían de los mismos derechos que el resto de ciudadanos. El impacto social era notable, porque la mayoría de ellos no profesaban el judaísmo ortodoxo. A pesar de que en Budapest se erigía la mayor sinagoga de Europa y la comunidad ocupaba en su práctica totalidad el céntrico distrito VII, en el corazón de Pest, estaba más arraigada la

8. Entrevista con Adela Sanz Briz.

consideración nacional que la profesión religiosa. Había, además, numerosas familias convertidas al catolicismo y prominentes apellidos integrados en la élite del país y la capital. Los húngaros habían permitido que paulatinamente se convirtieran en ciudadanos de segunda clase. Con todo, las medidas antijudías distaban abismalmente de la política nazi: no estaban recluidos en guetos, no se les habían confiscado sus propiedades y no eran deportados a los campos de concentración. A mediados de 1943, Hungría acogía, de hecho, la mayor población judía que quedaba en Europa: casi un millón, de los cuales 200.000 habitaban solo en Budapest. Su carácter excepcional[9] hizo que se convirtiera durante la mayor parte de la guerra en un refugio para todos los que conseguían salir de la burocracia asesina de los territorios ocupados.

Ángel aún no conocía a los jóvenes sionistas que operaban ya en la ciudad tejiendo una red de ayuda a los refugiados que se hallaban en peligro. Pero acabarían por acudir a él para revelarle el mayor secreto de la guerra de los nazis: la Solución Final. Entretanto, durante el año 1943, la mayoría de la población seguía con sus vidas entre la resignación de verse envuelta en la campaña alemana y la falsa sensación de seguridad que el jefe del Estado, Miklós Horthy, creía garantizarles. En sus reuniones con Adolf Hitler, el regente parecía aplacar siempre a última hora mayores implicaciones para Hungría. Las noticias, además, volaban. La guerra podía terminar pronto. Los aliados quizá vencieran al Tercer Reich antes de final de año.

9. Rumanía, que también era aliada de Alemania, mantuvo una posición similar hasta el final de la guerra; en cambio, Croacia, Bulgaria y Francia, además de los países ocupados, perseguían a los judíos.

2

Va'adat Ezrah Vehatzalah

El alemán será nuestra forma de entender-
nos, aunque pronto deberíamos dejar atrás ese
idioma del gueto, que solía ser la lengua furti-
va de los presos.

THEODOR HERZL,
El estado judío, 1896

Samuel Springmann poseía una joyería en Budapest
desde donde se dedicaba también a la compra y venta de
divisas y al cambio en moneda extranjera. De origen polaco, rondaba la treintena cuando su actividad comercial
se vio sacudida por la guerra en 1939. Cinco años después, su negocio pasó a un segundo plano cuando supo
de la persecución a la que estaban sometidos los judíos
de media Europa. Decidió dedicar su extenso conocimiento sobre el mercado del oro, las joyas y las divisas
para ayudar a los judíos de Polonia y Eslovaquia, principalmente, que lograban escapar de los territorios ocupados. Pronto comenzaría a canalizar moneda y divisas
que facilitaba la Agencia Judía de Palestina a través de

media Europa. Joyero, mercader de moneda y agente internacional. Springmann reunía las características que habían servido para denostar y perpetuar la caricatura de los judíos como usureros, avaros, miembros de una red mundial para controlar las finanzas y dominar el mundo.[10] Poco importaba que en su misma ciudad el prominente banquero judío Samu Stern, amigo personal del regente Miklós Horthy, miembro del Consejo Real, y cuya influencia en los negocios era significativamente mayor, no participara en esa red, o que no contribuyera a ninguna operación considerada ilegal. Stern sería elegido personalmente por Adolf Eichmann para encabezar el *Judenrat*, que se encargaría de gestionar entre los judíos las medidas nazis, pero no conviene adelantar acontecimientos. Springmann había estudiado en un kibutz[11] donde conoció a Rudolf Kastner, que sería la figura central de los jóvenes sionistas en Hungría durante los años de la guerra. Como Kastner, Springmann luchaba en una guerra distinta a la que libraba su propio país. Su objetivo no era ni el Ejército Rojo, ni la Wehrmacht, sino el de salvar al mayor número posible de judíos de los campos de trabajo, de las matanzas que se habían producido en el Frente Este y en sus propias fronteras.

Junto a Kastner, Otto Komoly y Joel Brand, los otros miembros más destacados del sionismo en Budapest, habían formado la Va'adat Ezrah Vehatzalah, o «Vadaa», el Comité para el Rescate Judío, que sería respaldado y financiado por la Agencia Judía de Palestina.

---

10. Los nazis recuperaron el viejo mito de *Los protocolos de los sabios de Sión*, pieza clave del antisemitismo en Europa.
11. Escuelas sionistas.

Springmann, por su actividad profesional, se encargó de las finanzas; Kastner, que era periodista además de abogado, se dedicó a las comunicaciones y a la coordinación con los judíos de Palestina. Corría el año 1943 y Hungría era paradójicamente el país donde se refugiaban de los nazis miles de perseguidos. Tenía frontera con Polonia, Ucrania, Eslovaquia, Rumanía además de Austria. Los dos primeros ocupados por los nazis y declarados *Judenrein*, el tercero y el cuarto aliados como la propia Hungría y el cuarto anexionado a Alemania. En mitad de Europa central, el territorio húngaro era seguro porque a diferencia de la Francia libre de Vichy, sus autoridades ni perseguían, ni deportaban al Reich a los judíos. Springmann tenía la ardua tarea de hacer fluir el dinero desde el exterior a la Europa ocupada. Lo empleaban para sobornar a guardias fronterizos de Eslovaquia, Polonia y Rumanía para que hicieran la vista gorda frente a los fugitivos en la frontera, establecer redes de cooperadores que les transportaran por rutas seguras y, en última instancia, para comprar a oficiales de las SS dispuestos a poner precio a la vida. Una vez en Budapest se encargaban de mantener a los evadidos, proporcionarles papeles falsos, si era posible, o facilitar algún visado para un país neutral, la parte más complicada de sus operaciones. Antes de que los diplomáticos de los países neutrales se volcaran en la operación de salvar judíos de los campos del Este, la Vadaa quería guiar a su pueblo perseguido.

Todo costaba dinero. Como las transacciones bancarias entre los territorios ocupados por el Reich y los países satélite como Hungría estaban interrumpidas con el resto del mundo, la única forma de pasar el dinero era literalmente llevarlo encima. Para ello necesitaban disponer de *Shlichim*,[12] agentes o correos, que pudieran pasar sin problemas los estrictos controles de fronteras. Era un gran negocio para quien supiera explotarlo. No faltaron los candidatos. Springmann conoció en Budapest a Andréi György, un medio judío checo habitual de los clubes nocturnos y los negocios ilegales cuya probada habilidad para moverse entre las sombras le convertían en el candidato idóneo para una tarea de ese tipo. György, que había regentado una tienda en Budapest, se había movido a mercados más lucrativos aprovechando el gran negocio de la guerra. Era un sospechoso habitual, un conocido de la policía húngara y la propia Gestapo, con nulas credenciales y un historial más que dudoso. Se sabía que su motivación no era el altruismo, pero había demostrado una gran capacidad para burlar los controles, traspasar las fronteras y negociar en la neutral Turquía. Springmann y Kastner decidieron utilizar sus servicios.

Una vez reclutado, György pasó a formar parte de la organización solo de forma tangencial, como correo entre los contactos de la Agencia Judía en Estambul y Budapest. György no solo se embolsaba un 10 % de la cantidad acordada, sino que entre el cambio de Estambul y la compra de oro, el único medio de pago generalmente aceptado, obtenía beneficios mucho mayores. Vivía alegremente en Estambul y en Budapest, donde sus habilidades para obtener en el mercado negro bienes de gran valor, como los escasos zapatos o el preciado jabón, le granjearon amistades y amantes. El propio Miguel Ángel Muguiro había hecho constar en sus informes a España la escasez de estos productos de primera necesi-

12. El término para referirse a los correos lo empleó Joel Brand en el juicio contra Adolf Eichmann en Jerusalén en 1961.

dad, su alto precio en el mercado negro y la dificultad para conseguirlos. György estaba casado, pero pescaba de hecho numerosas chicas que trabajaban en los vibrantes cabarets de Budapest, como el Arizona, célebre por sus palcos elevables y su pista giratoria,[13] o el Moulin Rouge. Les conseguía las comodidades de antes de la guerra que solo unos pocos podían disfrutar y, eventualmente, la promesa de salir de Hungría se convertía en realidad gracias a sus contactos. Las mujeres que caían bajo los encantos de György viajaban a otros cabarets en Sofía y Estambul, el mejor lugar de entonces para evadirse de las privaciones y miserias que empezaban a apretar a los húngaros después de tres años de guerra.

En la capital turca el dinero fluía sin control. Se había convertido en el mayor centro financiero y mercado de oro y piedras preciosas. A su privilegiada situación como llave de los Balcanes y puerto de entrada de todo el tráfico del Mediterráneo hacia Europa procedente de El Cairo, Siria, Libia y Palestina, se unía su condición de país neutral, donde tácitamente los países beligerantes convivían mientras se amontonaban sus delegaciones: desde el cuerpo diplomático, a la inteligencia militar, las redes de espionaje y todo tipo de agencias gubernamentales conectadas entre sí, pero tan independientes que incluso competían entre ellas. Estaban el OSS de Estados Unidos, el MI6 británico, el SD y la Abwehr alemanas y la NKVD y Grume soviéticas. Hasta un total de al menos 16 agencias de espionaje juntando a las de los países beligerantes y las de los neutrales. Muchos de los miembros allí destacados vivían en ocasiones con un lujo desmesu-

13. Eugenio Suárez, *Corresponsal en Budapest* (1946), Fundación Mapfre, Madrid, 2007.

rado, ya que los países en guerra asignaban grandes recursos a las distintas agencias para captar agentes. El mercado de oro y divisas era boyante, se conseguían gangas, y proliferaban los sobornos y la corrupción.[14] Por razones evidentes, la Agencia Judía de Palestina tenía allí su oficina más importante para el rescate de judíos y era de donde obtenía György los fondos asignados para el grupo de Budapest de Springmann y Kastner. Sin embargo, la facilidad por la cual György podía salir y entrar con visado de Turquía a Hungría no era únicamente por su experiencia como contrabandista, sino porque desde hacía meses trabajaba, además de para los sionistas, para la inteligencia húngara. Se había visto envuelto en una operación de contrabando en el mercado negro y se enfrentaba a una segura condena cuando fue arrestado por la Gestapo, que lo entregó a las autoridades húngaras. Lejos de dejarle a la sombra, en el Estado Mayor de la Defensa decidieron que un hombre como György podría serles de ayuda. Era como el felino desovillando los hilos para enredarlos de nuevo y que, sorprendido de forma súbita, dibuja un brinco enrevesado en el aire y cae de pie. Aprovechando la tapadera de hombre de negocios y sus contactos con los sionistas, el coronel del Estado Mayor, Von Merkly, le empleó para una misión en Turquía: tomar contacto con los estadounidenses y británicos. El objetivo final consistía en estudiar una posible salida de la guerra de Hungría. Tal y como informaba Muguiro a Madrid, apenas era un secreto que el gobierno de Miklós Kállay había explorado esta posición política; una paz separada con Gran Bretaña y Estados Unidos —no con la URSS— a cambio de dejar de prestar apoyo al Tercer Reich en el Frente Este contra los rusos.

14. National Archives de Estados Unidos, Informe de OSS.

Se habían hecho contactos diplomáticos, pero no pasaron de un bajo nivel y de términos muy vagos: apenas comprometían a ninguna de las partes. Sin embargo, György iba a penetrar en la red de espías que operaba una sección del OSS de Estados Unidos con consecuencias dramáticas para Hungría.

Mientras György ejercía de correo para el salvamento de judíos, enriqueciéndose a espuertas, un departamento del recién creado servicio de inteligencia de Estados Unidos, la Oficina de Estudios Estratégicos —OSS, según sus siglas en inglés— preparaba una red de espionaje para penetrar precisamente en Europa central. Sus objetivos eran Alemania, Austria y Hungría, por orden de importancia. Se trataba de crear grupos que formaran una resistencia para sabotear en esos países al Tercer Reich y, en su caso, obtener información relevante del enemigo. El jefe de la estación de Estambul de la OSS, McFarland, autorizó a uno de los analistas, el Mayor Coleman, a lanzar el cebo y los anzuelos en la fértil Turquía para explorar las posibilidades de establecer un grupo de informadores. Lo que encontraron cuando tiraron del sedal fue un cerezo en flor:[15] Alfred Schwarz, un checo que tenía experiencia en el campo de la inteligencia desde la Primera Guerra Mundial, que hablaba varios idiomas, había tenido diferentes negocios y disponía de una impresionante red de contactos en Europa central que deslumbraron a los estadounidenses.

Al igual que Springmann y Kastner habían terminado confiando en György, como medida excepcional,

15. El nombre en clave que le dieron los agentes del OSS, «Dogwood», hace alusión al cerezo silvestre por los «frutos» que ofrecía casi desde el principio.

dada la desesperada situación de los judíos en Europa y la necesidad de sus servicios, Coleman y McFarland decidieron arriesgarse con Schwarz, conscientes de que sus contactos eran demasiado buenos como para ser verdad.[16] El riesgo para la OSS de Estados Unidos era que Schwarz fuera en realidad un doble agente que trabajase para los alemanes. Estimaron, sin embargo, que no perdían nada, ya que Schwarz, al que le pusieron el nombre en clave de «Dogwood»,[17] no iba a disponer de información sobre el resto de sus agentes, ni se le proporcionaría información sensible militar, ni de la inteligencia. Dogwood solo debía servir para establecer contacto con informadores y opositores en Hungría, Austria y Alemania para utilizarlos contra los nazis. En caso de que resultara ser un doble agente, no correrían gran peligro, ya que no podría obtener nada de ellos. A mediados de 1943, Dogwood, que ya operaba una red en Austria, presentó a Coleman, de la OSS, a un judío checo que vivía en Budapest y trabajaba como correo para la Agencia Palestina: no era otro que Andréi György. El contrabandista de los bajos fondos que había servido para meter oro y divisas en Hungría vía Turquía para ayudar a los refugiados judíos había hecho contacto con los aliados tal y como le habían ordenado sus superiores de la inteligencia húngara. Tras una serie de viajes y pruebas entre Estambul y Budapest, György, siguiendo las órdenes del coronel Merkly, no ofreció a los agentes de Estados Unidos una red de sabotaje, sino algo de mucho más calado:

16. En un informe redactado por Coleman después de la guerra reconocía que dudaron desde el principio de Schwarz. National Archives, Estados Unidos.

17. Ver nota 12.

la posible retirada de Hungría de la guerra y su traición al Tercer Reich. El OSS decidió confiar en György y le pusieron el nombre en clave de «Trillium». En Budapest, Springmann y Kastner sabían que no era trigo limpio, pero no podían imaginar que su propio correo, el que servía para financiar las operaciones de rescate de miles de emigrados de los horrores nazis, fuera a convertirse en uno de los responsables del fin del santuario húngaro y de la condena de la última gran comunidad judía que quedaba en Europa. Coleman y McFarland del OSS de Estados Unidos creían tener en sus manos un gran activo, pero Dogwood-Schwarz había metido dentro de la inteligencia de los aliados a un agente al servicio de los nazis.

3

El precio de la amistad nazi

El día 20 de julio de 1944, Sanz Briz se dirigió al Palacio Real, la residencia del regente Miklós Horthy. Una monarquía sin corona que no aguardaba rey ni dinastía. El último vestigio de la realeza lo encarnaron los Habsburgo, el káiser Franciso José I, que era emperador de Austria, y rey de Hungría bajo la doble corona. La caída de la monarquía austrohúngara y el desmembramiento del imperio impidieron su continuidad. Horthy el Reichsverwessr, como buen húngaro, jamás habría cedido la corona al único heredero posible, el austríaco Otto de Habsburgo, que estaba en el exilio. Entretanto, alimentado por las vagas percepciones de la remota dinastía Árpád, cuyo último rey databa del siglo XIII, Horthy mantenía la ilusión con un consejo real de una corte inexistente. El jefe del Estado de Hungría había hecho circular entre los diplomáticos su mensaje autoexculpatorio de los acontecimientos que habían dado lugar a la ocupación alemana con su aquiescencia y la definitiva implicación de los húngaros con la política del Tercer Reich. Horthy era almirante, conservador, protestante, aristócrata y monárquico. Aunaba dos de las condiciones que más habría envidiado el general Francisco Franco: el alto rango en la Armada, el cuerpo más distinguido de la carrera militar socialmente y la pertenencia a la nobleza. Por lo demás, cumplían ciertos paralelismos: al igual que a Franco, a Horthy le había impulsado la progresiva colaboración con Hitler una mezcla de admiración y resignación frente al avance alemán en toda Europa, la sintonía con gran parte del discurso antisemita y nacionalista nazi y, sobre todo, la posibilidad de sacar tajada de la guerra a favor de Hungría. Al igual que Franco había pretendido en la célebre entrevista en Hendaya retomar el imperio español en el norte de África, una de las obsesiones del régimen, Horthy comprendió que la colaboración con la Alemania nazi al menos podría devolver al país, que tan dignamente representaba, su vieja gloria territorial hurtada en el Tratado de Trianón tras la derrota del Imperio austrohúngaro en la Primera Guerra Mundial. Por este, el antiguo imperio de la doble monarquía quedaba disgregado y, lo que era peor para Hungría, muchos de sus territorios eran recortados y cedidos a nuevos Estados. Sin embargo, para cuando el joven español recorrió las salas del palacio de Buda, Miklós Horthy no era el avezado líder de mediados de los años treinta que había obtenido una gran victoria para su país a cambio de una vaga colaboración. Diez años después, el regente, gran aficionado a la caza del oso, se encontraba ya inevitablemente atrapado en el asfixiante abrazo nazi del que no saldría jamás: sus acciones le harían responsable de la ocupación de su país y de la deportación de 437.402 de sus ciudadanos judíos hacia los campos de exterminio.[18]

18. Adolf Eichmann, *False Gods. The Jerusalem Memoirs*, Black House Publishing, Londres, 2015.

Esa mañana de julio, su interlocutor, Ángel Sanz Briz, era la imagen contraria al desánimo, el envejecimiento y el peso de una responsabilidad que vencía sobre sus hombros. Era joven, decidido y había comprendido con nitidez y determinación cuál era su principal cometido, no ya como funcionario diplomático del Gobierno español, sino como cristiano. Sanz Briz tenía un carácter alegre y sabía meterse a la gente en el bolsillo con su carisma. La simpatía era una de las aristas del diplomático cuyas notas, informes y cartas muestran, además, calculada prudencia con los rumores dudosos y celeridad con los asuntos urgentes. Había establecido una estrecha relación desde su llegada a Budapest con el nuncio apostólico del Vaticano Angelo Rotta. El enviado diplomático de la Santa Sede fue de los primeros en reconocer la enorme tragedia que se cernía sobre la población judía y una de las personas que inspiraron a Sanz Briz, que era un gran devoto, a la hora de llevar a cabo la tarea crucial en los meses que siguieron al salvamento del mayor número posible de judíos de los campos de exterminio.

En su ronda, el Reichsverwessr trataba de congraciarse con los países neutrales, como una ventana por donde pudieran escudriñar sus verdaderas intenciones los aliados: a Sanz Briz le espetó la retahíla de argumentos autoindulgentes que habían llevado a ceder ante Hitler en el castillo de Klessheim prácticamente la soberanía del país bajo la fórmula de un gobierno títere y la presencia de tropas alemanas y agentes de las SS y la Gestapo. Según el informe que envió Sanz Briz al entonces ministro de Asuntos Exteriores de España, su superior, José Félix de Lequerica, Horthy le explicó al diplomático español que el día 15, durante su entrevista con Hitler, este le comunicó, sin posibilidad de réplica, la decisión de marchar sobre Hungría, «basando tal decisión en el hecho de que tres oficiales ingleses habían llegado a este país para establecer contacto con el gabinete Kállay y para estudiar los preliminares de una paz separada.».[19] La información tenía ciertas implicaciones en España también. No en vano podía servir para disuadir al sector todavía pro-Eje del Gobierno de Franco y reforzar la vía que representaba el ministro de Exteriores, el conde Gómez-Jordana. Como el propio embajador de Estados Unidos en Madrid escribiría al presidente Roosevelt en 1942,[20] nada más tomar posesión de la embajada en Madrid, España se alejaba definitivamente de una actitud benevolente en exceso hacia la Alemania nazi, en favor de una política exterior que beneficiaría, en último término, los intereses del Régimen, que como comenzaba a ser obvio por la marcha de la guerra, ya no serían tendentes a congraciarse con Berlín, una ventaja que debían aprovechar.

Leyendo entre líneas, Sanz Briz no solo informaba de la situación política de Hungría, sino de las inevitables consecuencias de la tentación de contemporizar con el Tercer Reich. España aún mantenía representación diplomática en Berlín, y tratos comerciales con Alemania. El bien informado diplomático español conocía ya los movimientos que había perpetrado el depuesto Gobierno

19. Informe de Ángel Sanz Briz al Ministerio de Asuntos Exteriores, 20 de julio de 1944. Archivo General de la Administración 82/3.955. Antiguo Archivo Ministerio de Asuntos Exteriores LR 1.180.

20. Carta de Carlton Hayes a Franklin D. Roosevelt, 30 de septiembre de 1942. President's Secretary's File, Franklin D. Roosevelt. Diplomatic Correspondence. Spain 1940-1945, National Archives.

de Miklós Kállay en los meses previos a la invasión para buscar una paz separada con los aliados. De hecho, la revelación sobre los tres agentes ingleses[21] en suelo húngaro era solo una pequeña parte del rompecabezas que los propios británicos intentaban deshacer en torno a las operaciones en Hungría. Aunque comenzaban a tener claro qué había ocurrido, los detalles del fallido intento del Gobierno húngaro por salir de la guerra eran aún investigados por los servicios de inteligencia de Gran Bretaña y Estados Unidos.

21. En realidad eran estadounidenses.

4

A merced de los designios del Führer

Suszie trabajaba como bailarina y artista de cabaret en el casino Taksim de Estambul, Turquía. El garito era frecuentado tanto por agentes aliados como por personal diplomático y aventureros de todo tipo, muchos de ellos sin escrúpulos, deseosos de hacer caja con el desastre de la guerra en Europa.[22] Al frente del casino estaba Hazid, un egipcio que obtenía beneficios no solo del popular recinto sino también de los tratos que allí se cerraban, especialmente en cuanto al transporte de divisas a la Europa ocupada. Entre el denso humo y el alcohol que corría a raudales se cerraban operaciones consistentes, en su mayor parte, en llevar grandes sumas de dinero a Suiza. Sus destinatarios finales lo empleaban para comprar una vida mejor en medio del horror de la guerra o para sobornar a las autoridades nazis en el caso apremiante de tener que huir del país, como ocurriría en Hungría a partir de marzo de 1944. Suszie, nombre ar-

22. Agostino von Hassell, *Alliance of Enemies. The Untold Story of the Secret American and German Collaboration to End World War II*, Martin's Griffin, Nueva York, 2006.

tístico de Eva Sussana Barna, era una bella joven judía que había salido de Budapest gracias a los augurios de Andréi György, el *Shlichim* de la Vadaa. Su benefactor en el mundo del espectáculo era la coartada de un amplio abanico de operaciones bajo otros nombres como Gross, Grainer, Grosz... según el momento y el lugar. Las sombras que proyectaba su alargada y puntiaguda cara incluían más matices que las de las tenues luces de los cabarets. El Taksim en 1943 no solo era un hervidero de estraperlistas, conseguidores y empresarios, sino un puro centro de espionaje desde donde tendían sus redes en Europa central tanto los británicos como los estadounidenses, los nazis y los sionistas que ya habían comenzado sus operaciones desde el Protectorado británico de Palestina. Entre las grandes sumas que se jugaban en las célebres partidas de póker, el alcohol y las juergas, se cometían además multitud de indiscreciones, deliberadas y casuales. Cuando el SIME —Servicio de Inteligencia de Oriente Medio británico— localizó a Suszie en Haifa, en 1944, ya sabían por su propia red en Estambul y Ankara que mantenía relaciones con Andréi György.

György era capital para los británicos porque querían esclarecer cómo había expuesto a sus aliados de Estados Unidos en torno a las conversaciones de una posible retirada de la guerra de Hungría por parte del Gobierno del primer ministro, Miklós Kállay. Y para los aliados, la marcha de la guerra y las consecuencias militares eran el único y verdadero objetivo. La persecución y los asesinatos de judíos no entraban en sus planes, a pesar de que ya tenían constancia de los asesinatos masivos en el Este. Durante los primeros tres años de la guerra no fueron capaces de imaginar, sencillamente, el verdadero calibre de lo que estaba ocurriendo. El 2 de julio de 1944, unos días antes de que el almirante Horthy informase a Sanz Briz en el Palacio Real de Buda sobre los acontecimientos que habían precipitado la invasión de Hungría, el oficial británico N. Stratham interrogaba a la «atractiva artista de cabaret»[23] para tratar de esclarecer la densa madeja que se había formado en Estambul en torno a la posición política de Hungría en la guerra entre mediados y finales de 1943 y los primeros meses de 1944. Deshacer el nudo que desembocaría en la tenaza que Hitler iría cerrando sobre su aliado Horthy, hasta obligarle a la práctica rendición del país.

El oficial británico inquirió a Suszie sobre su relación con György y las actividades que realizaba en Turquía. Al principio se negó a hablar, pero ante la detallada información que parecían disponer los británicos comenzó a desgranar la relación que mantenía con él y el papel que este jugaba entre Budapest y Estambul. Según las notas del interrogatorio,[24] los ingleses descubrieron que György había contactado con Suszie en un cabaret de Budapest donde «bajo la influencia del alcohol»[25] la había seducido con el objeto de llevarla a lugares más seguros que Hungría. Le consiguió un contrato en Sofía y más tarde en Estambul. Al poco tiempo, György hizo gala de nuevo de sus buenos contactos y obtuvo papeles para ella y su madre, que se trasladaron a Turquía. Aunque los británicos sabían que eran amantes, como consignaron en su informe, la naturaleza de su relación no les interesaba en

---

23. Interrogatorio de Eva Sussana Barna. Records of the Security Service. German Intelligence Agents and suspected agents, KV 2/131, National Archives, Kew, Reino Unido.

24. *Ibidem.*

25. *Ibidem.*

absoluto. Otra cosa eran los viajes que este había realizado a Turquía en 1943, la gente que conocía allí, y el tipo de amistades y negocios que realizaba en el Taksim y otros lugares. Poco a poco Suszie iba soltando algunos detalles de importancia para la inteligencia de su majestad: György conocía al embajador de Estados Unidos en Turquía y trabajaba, además, para el teniente coronel Merkly, jefe de la inteligencia del ejército húngaro, que en ese momento luchaba contra la URSS del lado de la Wehrmacht. Según Suszie, su amante informaba de todo lo que ocurría en Ankara a Merkly, que, de hecho, le consideraba uno de sus mejores agentes, aunque György estaba en nómina de otras dos agencias, una de ellas, la Abwehr, el servicio de inteligencia de Alemania.

Para corroborar su identidad como agente húngaro, György había presentado a Dogwood a Otto von Hatz, teniente coronel húngaro, en ese momento agregado militar de la embajada de Hungría en Turquía. El cargo persuadió a los estadounidenses de la valía de la red de información. Sin embargo, el servicio de inteligencia británico, que ya había recibido algunas propuestas por vía diplomática del Gobierno de Miklós Horthy,[26] era más cauto y desconfiaba del juego que se desarrollaba en el descontrolado Estambul. Aunque la partida de la OSS era peligrosa y los británicos desconfiaban de la profesionalidad de sus aliados, siguió adelante. El resultado de la red de engaños de Von Hatz y György y la exposición de la red de inteligencia de Estados Unidos acabarían siendo el detonante de la Operación Margarita: la invasión de Hungría por parte de la Wehrmacht y la imple-

26. Principalmente a través de la embajada de Hungría en Estocolmo, Suecia, vía Andor Géllert.

mentación de la Solución Final en el país con mayor número de judíos que quedaba en Europa.

Andre, Andréi, Andor... Gross, Grosz, Grainer, György... «Bandi» para los alemanes y «Trillium» para los estadounidenses: las múltiples caras y dobleces de la personalidad del contrabandista y traficante húngaro no se limitaban a su nombre. Acabó en los calabozos de Alepo, Siria, detenido por los británicos a principios de julio de 1944. Su capacidad para las medias verdades hacían extremadamente complicado su interrogatorio. El peor problema, como ocurría con Otto von Hatz, es que ellos mismos alimentaban la ilusión de ser triples agentes. Durante cerca de dos semanas los oficiales británicos navegaron sobre su densa colección de misiones, sus contactos y sus jefes con el fin de destapar lo que resultaría una verdad incómoda para el alto mando aliado: la exposición de la inteligencia del OSS de Estados Unidos ante los nazis. Los primeros días admitió haber trabajado para los sionistas, la inteligencia húngara, los británicos y los estadounidenses, mientras trataba de tapar sus evidentes conexiones con los alemanes. El SIME[27] le sacó con relativa facilidad el motivo más obvio de sus viajes a Estambul, su tapadera en el casino Taksim y sus contactos con diplomáticos, militares y agentes de inteligencia de Estados Unidos y la propia Gran Bretaña.

El escurridizo y amoral agente, como le describirían más tarde los miembros de su propia red de espionaje, había realizado entre mediados de 1943 y principios de 1944 la misión de contactar con los aliados. Tenía que establecer una conexión de W/T —Wireless Transmis-

---

27. El servicio de inteligencia británico para Oriente Próximo (Secret Intelligence Middle East).

ion—, un canal seguro de código cifrado con los británicos para que el alto mando húngaro, por órdenes del primer ministro Miklós Kállay, pudiera negociar aspectos relativos a la posible rendición de Hungría a los aliados.[28] Al menos así lo había dispuesto Merkly. Estaba en juego el destino de todo un país, con el casi millón de judíos que albergaba y que hasta ese momento habían escapado de forma casi milagrosa al exterminio nazi. Pero el papel de György como agente del coronel Merkly en Hungría era solo una de las muñecas rusas del judío de ascendencia checa. Frecuentaba el Taksim, donde la partida de espionaje en la neutral Turquía adquiría proporciones descomunales entre la ambición, la avaricia, la arrogancia y la ingenuidad. El hervidero de dobles y triples agentes era un reguero por donde corrían las mechas que podían hacer explotar las colmenas de información de todos los contendientes: Gran Bretaña, Estados Unidos, la URRS y Alemania. Estaba entreverada además por los intereses de las agencias sionistas, que llevaban ya años realizando operaciones de rescate de judíos en los territorios ocupados del Reich, como Polonia, para llevarles a lugares seguros: paradójicamente, Hungría. Budapest se vería envuelta en varias tramas por parte de las agencias judías de ayuda que los aliados no aprobaron. Sus servicios de inteligencia jugaban en otra liga: la obtención de información sobre las unidades militares húngaras en el Frente Este —estaban en guerra con la URSS— y, sobre todo, alimentar lo que resultó ser una fantasía del OSS: la posibilidad de penetrar en los

28. Interrogatorio a Andréi György. Records of the Security Service, German Intelligence Agents and suspected agents, KV 2/131, National Archives, Kew, Reino Unido.

servicios secretos húngaros para promover grupos de resistencia y sabotaje en el país y, en último término, un movimiento revolucionario que acabara con la participación de Hungría del lado de los alemanes. En Alepo, después de despejar el primer nivel de las actividades de György, los británicos apretaron en el segundo, un poco más profundo. Sabían que además de informar a Merkly, habían incluido en la nómina de la OSS a Otto von Hatz, el agregado militar de la embajada de Hungría en Estambul. Al igual que había hecho Suszie, que declaró que György era cien por cien aliado, György trataba de fomentar ante sus interrogadores esa vertiente de la historia: el desesperado intento de una parte del Gobierno húngaro de verse librado de las garras de su aliado nazi. Para entonces, no solo Kállay no había conseguido esa posibilidad, sino que estaba refugiado en la embajada de Turquía en Budapest. Lo más alarmante estaba por llegar. En las noches de desenfreno del Taksim, donde se vivía a todo tren con los lucrativos negocios que ofrecía la guerra para los vendedores de vidas y secretos sin escrúpulos, György y Von Hatz habían enredado a Dogwood y a la OSS de Estados Unidos, que pretendía haber penetrado en un círculo de influencia húngaro.

En esencia, se habían tragado la tapadera de György y Otto von Hatz como agentes de Merkly, cuando en realidad informaban de todo a los alemanes. Como buen agente doble, György realmente trabajaba para los húngaros, aunque evidentemente no eran su principal pagador. La operación de Merkly y Kállay se sustentaba en que Alemania había perdido la guerra, que la URSS se encontraba a pocos kilómetros de la frontera y que Hungría sería juzgado como colaborador nazi: la sombra de otra paz como la de Trianón.

El recuerdo del experimento bolchevique de Béla Kun en Hungría durante el año 1919 hacía temblar al regente, motivo por el cual este trataba de convencer al diplomático español de que todo el ardid había sido un invento de los nazis para poder justificar la invasión. Pero no era cierto, los estadounidenses que hicieron gala del apodo despectivo de la inteligencia británica («*Johnny come lately*» —Johnny llega tarde—)[29] cuando montaron sus redes la estación de las OSS en Estambul, se convirtieron rápidamente en un coladero: los agentes que reclutaron llevaban años trabajando para el servicio secreto alemán, mientras se dedicaban, además, al lucrativo negocio del ejercer como correos de dinero de los sionistas. De hecho, los alemanes permitían esas operaciones porque les reportaban beneficios: ya habían comenzado los sobornos a los oficiales de las SS a cambio de vidas de judíos que pudieran escapar del exterminio: una realidad con la que se enfrentó en las peligrosas calles de Budapest más adelante el propio Sanz Briz.

Después de una comunicación con Londres en la que los interrogadores en Siria de Gross reconocían haber obtenido poco que no supieran ya sobre él, volvieron a la carga unos días más tarde. El agotamiento y las nulas posibilidades de convencer a los británicos, que ya habían desmontado la red e interrogado a más miembros de la organización, hicieron decantar la balanza. György se siguió cubriendo, en cualquier caso, con parte de su coartada, aunque fuera ya inútil: era cierto que informaba a Merkly, que trabajaba para la red sionista de Springmann, de donde obtenía grandes beneficios, además de sus an-

29. Tuvia Friling, *Secret Intelligence and the Holocaust*, Enigma Books, Nueva York, 2006.

danzas en el Taksim. Admitió por fin que también informaba a la Abwehr, pero con el objeto de confundirles y siempre de parte del plan proaliado de Kállay.[30] Era un primer paso, porque quedaba clara su conexión con el servicio de inteligencia alemán. No obstante, las luces rojas y las sirenas aullaban ya en los oídos de los británicos. Estaba confirmando, a pesar de su prudencia, las peores sospechas de los británicos, que empezaban a atar cabos sobre la cadena de errores que habían llevado a la invasión de Hungría. McFarland, el jefe de la estación en Turquía de la OSS, había estado comprando información a Dogwood, el nombre en clave de Alexander Schwarz. En la nómina de Dogwood estaban György y Von Hatz. Mientras los británicos habían comenzado a sospechar de los húngaros, McFarland se había adentrado más y más en una red que tenía varias aristas, aunque posteriormente descubrieran que la nazi primaba sobre todas las demás. György y Von Hatz, los supuestos agentes húngaros de Dogwood que debían lograr el contacto con los aliados y sacar de la guerra a Hungría, informaban directamente a la Abwehr. El interrogatorio en Alepo estaba confirmando la verdad. Cuando a mediados de 1944 los británicos, cada vez más alarmados por la nula cautela del OSS en Estambul, tuvieron suficientes sospechas de que, al menos Otto von Hatz era un agente de los alemanes, presionaron a Wild Bill Donovan, el jefe en Washington de la OSS, para que detuviera a McFarland en Estambul y las operaciones de Dogwood y sus emisarios.[31] El propio

30. Interrogatorio a Andréi György. Records of the Security Service, German Intelligence Agents and suspected agents, KV 2/131, National Archives, Kew, Reino Unido.
31. Douglas Waller, *Wild Bill Donovan: The Spymaster who*

Donovan había manifestado sus reservas, pero los aparentes éxitos propiciaron que dejara que las operaciones de McFarland continuaran. En febrero de 1944, el servicio británico de inteligencia militar convenció a Donovan del tremendo error que estaban cometiendo: habían confirmado con otra fuente que Von Hatz trabajaba para los alemanes. El general norteamericano pidió que se detuviera todo contacto con los húngaros, pero ya era demasiado tarde. El jefe de la estación en Estambul se resistió, insistiendo en que era un canal demasiado válido para dejarlo escapar y dieron luz verde a la denominada Operación Sparrow: tres paracaidistas norteamericanos saltaron sobre Hungría con planes para el sabotaje el 15 de marzo de 1944, los tres «ingleses» que Horthy señalaría a Sanz Briz en su reunión en Buda. Era el día de la festividad nacional que conmemoraba la independencia de 1840. Los recibió en Budapest el jefe de inteligencia húngaro Ujszaszi, que los escondió. Dos días más tarde eran entregados por el propio oficial a la Gestapo.

Esa misma noche una nota del embajador alemán en Budapest, Von Jagow, llegó al Palacio Real de Buda. Horthy acababa de llegar de una representación en la ópera que conmemoraba precisamente el día nacional. El embajador alemán invitaba al regente de parte de Hitler a reunirse con él en el castillo de Klessheim, a las afueras de Salzburgo, Austria. La invitación no daba demasiado margen, 48 horas. La excusa consistía en que el Führer debía volver a los cuarteles generales para atender las necesidades bélicas. Era a todas luces una oscura encerrona a la que el regente no tenía más remedio que comparecer.

created the OSS and the modern american espionage, Free Press, Nueva York, 2011.

5

El castillo de Barbazul

Lajos Kossuth escribe,
no necesita ninguna vela,
redacta la carta
bajo la luz de las estrellas,
larga vida a los húngaros libres,
larga vida a la patria.

Kossuth entregó el mensaje,
canción popular húngara

Después de consultarlo con su consejo de Gobierno, que le previno de asistir, el viejo almirante agotó el plazo marcado por la misiva y se presentó en la estación de tren dos días más tarde, con la vana ilusión de poder presionar en persona a Hitler sobre la situación de Hungría. Era viernes, «mal día para embarcarse» según la superstición del marino, cosa que no había hecho nunca «hasta que no hubieran sonado las ocho campanadas de un nuevo día».[32]

32. Memorias del almirante Horthy. Anotaciones de Andrew L. Simon, Simon Publications, 2001.

Pero no hacía falta echar mano de supersticiones. Lo que Hitler aguardaba para Horthy no era ya una reunión entre aliados: el alto mando alemán conocía todos los pormenores de la operación del Gobierno de Kállay: Gross, Von Hatz y la red «Dogwood» al completo habían comunicado a la Abwehr la frustrada colaboración húngara con los aliados y su traición en Turquía. No obstante, Hitler consideraba con acierto que la ocupación de la nación sería harto más fácil si la firmaba el propio jefe de Estado, como ocurriría horas más tarde. La recomendación había sido obra de Edmund Veesenmayer. En un informe de diciembre de 1943 comunicó a Hitler que «la solución a la cuestión húngara debería alcanzarse con la colaboración del regente —si es posible— y no sin él». Estimaba que más que una ocupación exclusivamente militar, la invasión tendría más éxito si concurría el regente y el orden constitucional quedaba intacto, empleando en las mismas dosis la manipulación y la amenaza.

Sorprendentemente, el almirante llegó a relatar en sus memorias que de camino a la estación se guardó su revólver. Más tarde relataría al coronel István Balló que pensó en un disparo por sorpresa por si llegaba el caso. La retórica de los propios recuerdos es siempre un relato dulcificado de las propias acciones personales, pero el de Horthy resulta por momentos un tanto grotesco. La intención de presionar en su situación a Hitler, aunque loable, era una fantasía, pero la escena del revólver, cierta o no, resultaba casi cómica. Cada vez tenía menos salidas, y aunque convertirse en el hombre que asesinó a Hitler habría sido probablemente la mejor de ellas, la del postrero héroe que asesina al villano poco antes de caer él mismo abatido por las balas de sus enemigos, la más lógica era la de su renuncia. Era menos audaz y novelesca, pero también más coherente con su trayectoria al frente del pueblo húngaro. Desnuda de ropajes vistosos, lo que queda de la crónica de los dos días en Klessheim es que el regente no hizo ninguna de las dos. Mientras deslizaba el ensueño que pudo haber sido —matar a Hitler—, lo que realmente describe son las explicaciones de quien intenta revestir de dignidad el acto de sumisión que en su momento no supo enfrentar. En toda su disertación apenas hay un párrafo dedicado a los judíos a los que iba a condenar a la muerte con su colaboracionismo.

Si hay algo que llama la atención en la redacción de Sanz Briz sobre los motivos y condicionantes de la máxima autoridad de Hungría, es su notable compasión y empatía por los demás. También se intuye su enorme oficio diplomático, a pesar de su juventud entonces. Sanz Briz, a diferencia de Horthy, no escribiría unas memorias, básicamente porque no tenía que justificar sus acciones ante nadie. Tampoco resultaría tentado a describir sus heroicas acciones durante el verano y el otoño de 1944. El regente, en cambio, tenía que quitarse la pesada losa de haber sido el jefe del Estado que había abierto de par en par la puerta al exterminio.

En Salzburgo le aguardaban Hitler, Von Ribbentrop y el mariscal Keitel; sin embargo, durante el camino a Klessheim el regente preguntó si durante las «discusiones» sería necesaria la presencia de los ministros de Exteriores, a lo que Hitler le contestó negativamente. A la primera reunión solo entraron los dos dirigentes acompañados del traductor Paul Schmidt, que sobreviviría a la guerra y a quien le debemos la versión más veraz de lo que aconteció. Pero poco después, el propio Horthy pidió la salida de Schmidt, ya que él hablaba alemán y no necesitaba intérprete, un aspecto del que se arrepentiría, porque a partir de ese momento no hubo más testigos ni nadie que pueda corroborar su relato.[33] Al margen de las enérgicas protestas ante la interferencia alemana que habría manifestado ante el Führer, se deduce que Hitler recibió en Klessheim a su aliado con las reprimendas de un padre disgustado con el hijo que no ha acabado los estudios y gasta demasiado en cosas superfluas. La irritante condescendencia del Führer estaba calculada para desarmar de forma severa al descarriado. Le llovieron una serie de reproches sobre el pobre esfuerzo húngaro en la guerra, la necesidad de una mayor implicación en la victoria del Eje —por increíble que pareciera ya— y el ofrecimiento a enmendarse bajo la atenta tutela del Reich. Como puntilla inexcusable de la intervención de Alemania, la razón que esgrimió Hitler fue, precisamente, la de la traición húngara. Horthy negó tajantemente que los «magiares se comportasen como traidores», del mismo modo que eludiría ante Sanz Briz las acusaciones de haber tomado parte en el plan de la inteligencia húngara para salir de la guerra, descubierto en Turquía por la Abwehr. Era una resistencia inútil. El tono amenazante de Hitler no era una bravata, once divisiones acorazadas estaban ya en la frontera a la espera de la orden para entrar en Hungría, tal y como se encargaría de deslizar durante la comida que tuvo lugar después el mariscal Keitel. Hitler entonó con cajas destempladas que no podía permitirse otro cambio de bando como el de Italia, en donde habían depuesto a Mussolini tras pasarse a los

33. Memorias del almirante Horthy. Anotaciones de Andrew L. Simon, Simon Publications, 2001.

aliados. Mientras, el regente defendía su «honorabilidad» haciendo valer que de haber iniciado conversaciones con los aliados para un armisticio en contra de Alemania, habría informado a Berlín según los cauces diplomáticos. Aunque fuera posible que en Klessheim se aferrara a ese papel con el fin de salvaguardar los intereses de su país, Horthy mantuvo insistentemente esa versión tanto en julio en su reunión con Sanz Briz, como después de la guerra, al igual que su apoyo incondicional al Gobierno de Miklós Kállay. Una aparente contradicción que no es insalvable del todo: es posible que secretamente esperase una rápida resolución de la guerra a favor de los aliados y que fomentase los canales diplomáticos, pero que, al mismo tiempo, no quisiera tomar parte en ninguna operación de espionaje que decantara su posición hacia Gran Bretaña y Estados Unidos. Sus argumentos caerían en cualquier caso en continuas incongruencias durante los meses siguientes.[34] De su disertación se deduce, en cambio, que empleó más tiempo en defender su honor que en salvaguardar el destino del millón de judíos que residían en Hungría. Entre algunas de las joyas que dejó para la posteridad se encuentra una célebre carta enviada a Sztójay en la que no solo se declara un furibundo antisemita, sino las declaraciones que haría después en las que justifica su ignorancia sobre el fatal destino que les aguardaba, aduciendo que solo sabía que se entregaban para trabajos forzados en Alemania.

34. El ministro plenipotenciario del Tercer Reich en Hungría, Edmund Veesenmayer, calificó a Horthy de mentiroso compulsivo o de haber perdido la noción de la realidad dados los continuos virajes y cambios de versión. Informe OSS de Berna, Suiza, National Archives. Estados Unidos.

La tortura inhumana de esos trabajos, según visión de la persecución a los judíos, era tolerable.

Por otra parte, Gran Bretaña había dejado claro a los enviados diplomáticos de Kállay que intentaron entablar conversaciones de paz que si tenían una oferta la formulasen por canales militares, puesto que era una cuestión de guerra. El desplante de los británicos era tajante: no iban a negociar un tratado por cauces diplomáticos con un enemigo bélico; si Hungría quería cambiar de bando tendría que hacerlo a través de los servicios de inteligencia militares, lo que demostraría ser más peligroso que la vía diplomática. En cualquier caso, el apoyo que Horthy brindaba a Kállay era una asunción implícita de las negociaciones secretas que entablaría el Estado Mayor del Gobierno entre mediados de 1943 y principios de 1944. A esas alturas de la partida en Austria, las pruebas eran irrefutables, al igual que la decisión de Hitler de invadir Hungría. Ese juego, tuviera la implicación o no de la máxima autoridad húngara, había terminado.

Horthy comprendió que no había nada que negociar y decidió acabar de forma abrupta la conversación ante los oídos sordos del Führer, que no dejaba ningún margen. «Si ya está decidido todo, no tiene sentido alguno que yo continúe aquí por más tiempo, me marcho inmediatamente»,[35] exclamó, y salió iracundo de la sala, momento en el que Paul Schmidt, que estaba esperando fuera, observó su marcha y cómo detrás del húngaro, que tenía la cara congestionada tras el violento intercambio, un atribulado Hitler apretaba el paso en un esfuerzo por seguirle y retenerle —aquí concuerdan ambas versio-

35. Memorias del almirante Horthy, Anotaciones de Andrew L. Simon, Simon Publications, 2001.

nes— mientras este se dirigía a la escalinata para llegar a sus aposentos. El que le alcanzó a tiempo fue el barón Von Dorenberg, «nuestro jefe de protocolo y hombre altísimo, de dos metros de estatura, se interpuso en el camino del regente húngaro, y trabó conversación con él de tal modo que Hitler pudo alcanzarle, y como exige el protocolo, subir la escalinata acompañando al huésped, hasta dejarlo en sus habitaciones».[36] Hitler bajó furioso la escalera y desapareció con Ribbentrop minutos antes de que el propio Horthy regresara de la planta de arriba y pidiera su tren especial para salir de Klessheim. La peripatética escena, muy acorde a la teatralidad de Hitler, aún tuvo un momento delirante, casi cómico, si no hubiera sido por la trascendencia que iba a tener en los futuros acontecimientos. Cuando Horthy decidió abandonar con su comitiva el castillo de vuelta a Budapest, el Führer recurrió a una artimaña: hacer sonar las alarmas antiaéreas de un inexistente bombardeo aliado para retener a los húngaros. Ribbentrop había hablado por teléfono con el embajador húngaro en Berlín, Döme Sztójay, a quien le confesaría que iban a fingir el ataque.[37] No repararon en minucias: lanzaron nieblas artificiales alrededor del majestuoso palacio e hicieron sonar la propia artillería antiaérea para tener un pretexto y convencerle de que no podía salir en ese momento. La comunicación telefónica estaba interrumpida también —así se lo hicieron creer—, por lo que estaba incomunicado con el mundo exterior. El despliegue de fuegos artificiales y la representación grotesca con la que Hilter solía acompañar to-

36. Paul Schmidt, *Europa entre bastidores. Del Tratado de Versalles al juicio de Núremberg*, Destino, Barcelona, 2005.
37. *Ibidem.*

dos las aspectos de la vida pública y sus contactos diplomáticos, si es que podían calificarse así, surtieron efecto y Horthy se quedó en Klessheim. Fue el fin. Como muestra de buena voluntad, el Führer ofreció una comida y retomar las conversaciones por la tarde. Pero la improvisada secuencia de vodevil de unas horas antes no varió un ápice el guion de la representación por la tarde. Al regente le quedaban solo dos posiciones: o transigir con las mismas demandas de los nazis, que había rechazado por la mañana, o renunciar. Escogió lo primero y aún se le juzga por su decisión. A partir de ese momento, repetiría sus argumentos incansable y machaconamente: abandonar el barco en mitad de la tempestad cuando se hunde es de cobardes; si renunciaba, el Tercer Reich impondría un gobierno liderado por el Partido de la Cruz Flechada de Ferenc Szálasi y el destino de los húngaros habría sido peor. Si seguía al frente, al menos podría «salvar a los 800.000 judíos y refugiados que permanecían en Hungría» y a los que les esperaba la muerte en caso de que no hubiera una figura como la suya al frente. A fin de cuentas, las fuerzas armadas «le seguirían debiendo lealtad a él, que podría movilizarlas en caso de extrema urgencia».[38] Solo que ocurrió exactamente lo contrario. Con Horthy en el cargo, 400.000 de los 800.000 judíos fueron deportados a Auschwitz, de los cuales 395.000 fueron enviados a las cámaras de gas nada más ser apeados de los infames vagones. Por si acaso, entre bambalinas, Ribbentrop le había susurrado a Schmidt[39] durante

38. Memorias del almirante Horthy. Anotaciones de Andrew L. Simon, Simon Publications, 2001.

39. Paul Schmidt, *Europa entre bastidores. Del Tratado de Versalles al juicio de Núremberg*, Destino, Barcelona, 2005.

el crucial encuentro que en caso de que el almirante no hubiera aceptado seguir con su papel hasta el final de la función, no harían falta sus servicios para acompañarle a la frontera: «no necesitará séquito de honor, sino una guardia, ya que viajará como prisionero». La última puerta del castillo de Klessheim, como el de la ópera *Barbazul*, de su compatriota Béla Bartók, había revelado que pasaría a ser una de sus amantes asesinadas. Horthy se añadía a Mussolini, Antonescu y Pétain.

Las imposiciones de Hitler eran inasumibles porque no solo implicaba la práctica cesión de la soberanía del país en manos de la figura del ministro plenipotenciario del Reich: una fórmula que significaba que las atribuciones sobre la marcha del país recaían sobre el embajador alemán, vigilante de que todo se hiciera de acuerdo con las consignas de los nazis, entre ellas la implementación de la Solución Final. La tarea recayó sobre Veesenmayer, que había sido el principal instigador del plan con el que embaucaron a la menguante figura del jefe del Estado húngaro. La lista completa de demandas del Führer consistieron en su redacción final en cinco puntos innegociables:

1. Los húngaros no habían luchado bien en el Frente Este y, peor aún, habían saboteado los esfuerzos de guerra conjuntos. Nuevas tropas húngaras debían ser puestas a disposición de las autoridades alemanas.

2. El estándar de vida de los húngaros era demasiado elevado. La economía tenía que ser organizada para la guerra total y toda la producción industrial del país dirigida a satisfacer las necesidades alemanas.

3. Los judíos húngaros disfrutaban todavía de demasiada libertad. Había que emprender acciones para resolver el problema judío de una vez por todas.

4. Los grupos de izquierda de Hungría habían sido tratados con demasiada benevolencia. Era especialmente importante que el Partido Socialdemócrata fuese disuelto.

5. Alemania tenía evidencias indiscutibles de que los húngaros del Gobierno habían establecido contactos con los Gobiernos británico y estadounidense. Esos contactos debían cesar. El jefe de prensa del ministro de Exteriores, Antal Ullein-Revickzy, quien había jugado un papel determinante en ese papel, debía ser cesado. El primer ministro Kállay debería ser reemplazado por alguien que estuviera dispuesto a poner todas las fuerzas de Hungría en el esfuerzo de guerra del Frente Este.[40]

Hungría era el último reducto donde la comunidad judía estaba a salvo de la tortura y la muerte. Después de dos reuniones en las que quedó meridianamente claro qué era lo que iba a ocurrir, el regente de Hungría aceptó, resignadamente, la imposición de Hitler y se avino a firmar una declaración conjunta que presentó el ministro de Exteriores Joachim von Ribbentrop en su rudo y hosco tono habitual.[41] Horthy había entrado en el tren a

40. Per Anger, *With Raoul Wallenberg in Budapest*, Waldon Press, Nueva York, 1981.

41. Serrano Suñer, ministro de Exteriores de España entre octubre de 1940 y septiembre de 1942, calificaría a Ribbentrop como un desagradable interlocutor durante la entrevista entre Franco y Hitler en Hendaya en 1942. *Memorias* de Serrano Suñer.

Salzburgo acariciando la culata de su revólver y se volvía con un acuerdo, que ni siquiera le habían dejado revisar, por el que su país quedaba en manos de los nazis. El verdadero regidor de los destinos del país sería a partir de entonces Veesenmayer, a quien los húngaros bautizaron como Reesenmayer. El gobierno de Kállay, que había mantenido el Parlamento con libertad de partidos —a excepción del comunista— y que se había negado enérgicamente a la deportación de judíos era historia.

6

El ojo de Berlín se fija en Hungría

Fue el principio del fin para los judíos de Hungría. En el Palacio Real de Buda, Horthy trataba de explicarse con Sanz Briz. Primero negando lo evidente, las operaciones para forzar una paz separada: «Estima el regente que la historia de los tres oficiales ingleses fue, pura y simplemente, una excusa con la que justificar la actitud de Alemania, que termina por no tener bien cubierta la retirada de sus ejércitos operantes en los Balcanes, retirada a la que Hungría, geográficamente, presta lugar.»[42] Era cierto que Hitler tenía preparado un plan de antemano para la Operación Margarita —la ocupación de Hungría—, pero también que el detonante para decidirse a la invasión fue la desconfianza hacia su lealtad. Los fallidos intentos de Kállay por obtener una paz con los aliados habían sido descubiertos por el servicio de inteligencia alemán gracias a la labor de los dobles agentes György y Von Hatz. El

42. Informe de Ángel Sanz Briz al Ministerio de Asuntos Exteriores, 20 de julio de 1944. Archivo General de la Administración 82/3.955. Antiguo Archivo Ministerio de Asuntos Exteriores LR 1.180.

bisoño servicio de inteligencia del OSS de Estados Unidos aún estaba digiriendo el anzuelo. Horthy estaba enfrente del representante diplomático de España, un país neutral que, sin embargo, y a pesar del paulatino distanciamiento con Berlín, mantenía combatientes de la División Azul en Rusia y proporcionaba aún materias primas clave para Alemania. El documento es revelador tanto de la cautela del regente con Sanz Briz como de su justificación de permanecer al frente del país una vez que había sido intervenida *de facto* su soberanía. «Su Alteza me añadió que aunque en los últimos tiempos se ha instaurado la costumbre de que los jefes de Estado se refugien en el extranjero cuando sus países se encuentran en peligro, él ha estimado que su obligación era la de permanecer al frente del suyo para, con su presencia, tratar de salvar la especial estructura de este país.»[43] Miklós Horthy había cedido a todas las presiones del Reich sustituyendo al primer ministro Miklós Kállay por Döme Sztójay, el que había sido hasta ese momento embajador de Hungría en Alemania y que contaba con todas las bendiciones de Hitler por ser un colaboracionista nazi. Sanz Briz, que como buen diplomático habría enfatizado con la difícil situación de Horthy, traslucía a Madrid el verdadero significado de las acciones del regente: «Se formó el actual Gobierno, completamente germanófilo, secundado eficazmente por los elementos germanófilos de Hungría, comenzó la caza de los judíos, a los que se ha tratado de forma inhumana y cruel, siendo deportados un gran número de ellos.»[44] La ocupación alemana y el nuevo Gobierno húngaro se habían dispuesto a ejecutar desde su

43. *Ibidem.*
44. *Ibidem.*

llegada en marzo su partitura del mal, pero necesitaban los músicos que la tocaran. Sin la colaboración activa de la administración, difícilmente habrían alcanzado las cifras de deportaciones espeluznantes en tan poco tiempo.

Eugenio Suárez, el periodista que vivió como Sanz Briz la invasión de la capital húngara, cuenta en su crónica de 1946, justo después de acabar la guerra,[45] que una de las tradiciones en Hungría desde hacía un siglo eran las populares orquestas de los *Tzigane*, los zíngaros, con los que a menudo se confundía en España, de forma genérica, a la población húngara: los osos y los violines. En su imprescindible relato de lo vivido en Budapest no dejó de reparar en las costumbres e idiosincrasia del pueblo húngaro: «Una orquesta *Tzigane* pura se compone de los siguientes instrumentos: un primer violín, que es el que dirige al conjunto; un segundo violín, un contrabajo y un cimbalón. A veces es tolerado el violoncelo, pero su papel no es necesario. Los instrumentos de cuerda forman una cascada de notas, contrapunteadas por el bordoneo del contrabajo y realzadas por el cristalino sonar de las tiras metálicas del cimbalón.» A partir del 19 de marzo, el primer violín, el embajador alemán Reesenmayer,[46] el todopoderoso plenipotenciario del Reich, dirigía al conjunto apoyado en el segundo, Adolf Eichmann, que había llegado con su plan de la Solución Final bajo el brazo perfectamente detallado[47] después de una notable expe-

45. Eugenio Suárez, *Corresponsal en Budapest* (1946), Fundación Mapfre, Madrid, 2007.

46. Apodo burlesco que jugaba con las palabras Reichsverwessr, o regente, por el papel de Horthy y el apellido del embajador alemán, que le señalaba como el verdadero jefe del Estado de Hungría.

47. Algunos autores afirman que lo improvisó sobre la marcha y que su eficacia se debió a las propias autoridades húngaras, aun-

riencia en el resto de la Europa ocupada. El contrapunto del contrabajo lo ponían los nuevos secretarios de Interior László Baky y László Endre, que serían los diligentes húngaros sin cuya precisa guía de bordón Eichmann no hubiera podido desplegar su operación contra los judíos, mientras que el cimbalón, «ese cristalino sonar de las tiras metálicas», sería obra de los cruciflechados de Ferenc Szálasi, el partido nazi local húngaro, cuya salvaje y brutal persecución de los judíos redondearía a partir de octubre la melodía del mal. Horthy, al igual que el violoncelo, simplemente se toleraba, pero su papel ya no era necesario. Su suave y melancólica quejumbre en las embajadas de los países neutrales era la mejor representación del sentimiento trágico de una nación que había vuelto a perder una vez más su independencia; el triste consuelo de los territorios recuperados del Tratado de Paz de Trianón serían en breve pasto de los rusos que tanto detestaba. Lo último que trató de hacer para salvaguardar su honor y el de su país fue el de la condena de las atrocidades que se cometían contra los judíos en el verano de 1944, pero era ya demasiado tarde. Desde que en el castillo de Klessheim el almirante Horthy hubiera cedido ante Hitler, después de los fallidos intentos de paz —que había intentado negar ante el español y del que tenían ya buena cuenta los aliados tras los interrogatorios—, su papel era el del violoncelo. La canción podía ya sonar sin él, como ocurriría muy poco después.

El destino de Hungría había sido consecuencia de las necesidades de la guerra, ya que Hitler desconfió de su

---

que el Protocolo de Auschwitz de Rudolf Vrba explica que ya se habían tomado medidas en Auschwitz antes de marzo para «acoger» a los húngaros.

aliado y temía verdaderamente que Estados Unidos y Gran Bretaña decidieran atacar por los Balcanes, pero no era un secreto en Alemania que en las dependencias de la RSHA —Oficina de Seguridad del Reich, SS— aborrecían el hecho de que la Solución Final no hubiera llegado aún a las puertas de la mayor comunidad judía que quedaba en Europa. El regente podía haber dimitido antes de plegarse a los nazis porque en Washington y Londres ni siquiera le habían tomado en serio nunca. Pero Horthy no siguió el ejemplo de su primer ministro Pál Teleki en 1938, que se había suicidado antes de colaborar con los nazis. Los intentos de Horthy, que intentó contemporizar hasta el final, estaban condenados de antemano: nada de lo que hubieran intentado él mismo o Kállay habría surtido efecto: lo que ambos desconocían cuando intentaron abrir vías de comunicación con los aliados occidentales entre 1943 y principios de 1944, era que durante la Conferencia de Teherán, a finales de 1943, se había acordado un plan que dividía Europa en dos frentes, y que Hungría tenía que ser liberada por la URSS. La torpeza de la inteligencia de Estados Unidos fue, sin embargo, un desastre, porque expuso a toda la organización de Turquía y a sus agentes y, lo que era aún peor, había servido como el señuelo que esperaban los alemanes para desconfiar definitivamente de Kállay, comenzar la invasión y con ella la Solución Final. Aunque en retrospectiva, la Operación Sparrow era un objetivo menor. Gran Bretaña y Estados Unidos jamás habían pensado ayudar a los húngaros, no al menos militarmente, como estos ansiadamente esperaban. De hecho, habían dejado creer a Hitler que existiera esa posibilidad: pensaban que si algunas de las divisiones alemanas abandonaban su posición en el muro atlántico de Francia en dirección a los Balcanes, como así ocurrió, el desembarco en Normandía, que se produciría el 6 de junio de 1944, tres meses después de la Operación Margarita, tendría mayores posibilidades de éxito. Sigue sin estar claro hasta qué punto la caída de Hungría fue un plan de diversión de los aliados dentro del Plan Zeppelin.[48] Lo que es seguro es que el error de la OSS en Turquía no fue deliberado y que la Operación Sparrow no fue un señuelo: con su nefasta ejecución se había condenado a casi un millón de judíos que serían deportados y exterminados en apenas seis semanas.

Los aliados tenían una meta inalterable: la derrota del Tercer Reich; entremedias, nunca calibraron en qué medida podía afectar a la otra guerra de Alemania, que era la eliminación de la raza judía. Aunque los servicios de inteligencia tuvieron pruebas que, analizadas suficientemente, hubieran concluido por sí solas el exterminio que estaba perpetrando Alemania, las rechazaron como una fuente menor. Desde los años treinta sabían que los judíos eran perseguidos: cualquiera podía leerlo en los periódicos; más adelante obtuvieron pruebas suficientes de la primera fase de la Solución Final, que fueron las matanzas de los años 1941 y 1942 en el Este a cargo de los escuadrones de la muerte. A partir de ese momento, los nazis dejaron de utilizar las comunicaciones por radio para referirse a estas matanzas, lo que hizo decaer el interés en este tipo de información. Más adelante, a mediados de 1942, nuevas pruebas obtenidas por otros medios, fundamentalmente por vía de refugiados en legaciones

48. Una operación de diversión estratégica de Gran Bretaña que pretendía hacer creer a los alemanes que habría un desembarco en los Balcanes.

diplomáticas, habrían confirmado la existencia de los campos de la muerte, pero fueron ignoradas en beneficio de las informaciones militares. Los oficiales de inteligencia tanto de Estados Unidos como de Gran Bretaña se lamentarían años más tarde de haber permanecido ciegos ante la obviedad del exterminio de los nazis. Otros no dudaron en insistir en que la mejor y única manera de ayudar a los judíos era ganando la guerra, objetivo al que dedicaron sus esfuerzos.

7

Madrid deja solo a Sanz Briz

El 19 de marzo, Budapest amaneció con las divisiones de la Wehrmacht desfilando sobre sus majestuosas avenidas, testigos del pulso de los magiares con la no tan lejana gloria del Imperio austrohúngaro que tanto detestaban. Por la mañana, todos los edificios gubernamentales, las estaciones de radio y las oficinas de telégrafo fueron ocupadas por las tropas alemanas. Los agentes de la Gestapo comenzaron las detenciones ese mismo día. Fueron a buscar casa por casa a todos los que consideraban opositores y cuyos nombres y direcciones tenían apuntados en una lista: médicos, ingenieros, periodistas, profesores, políticos. En muchos casos estaba desactualizada, lo que denotaba que llevaban tiempo recabando información[49] sobre simpatizantes de los aliados y críticos con Berlín, además de algunos judíos, aunque en Budapest no hubiera comenzado aún la persecución sistemática. El primer ministro Kállay, ya depuesto, escapó de su domicilio por muy poco: salió en coche por las calles de Budapest hasta

49. Per Anger, *With Raoul Wallenberg in Budapest*, Waldon Press, Nueva York, 1981.

la embajada de Turquía, donde se refugió al amparo del país neutral. El fin del primer ministro era premonitorio de lo que iba a ocurrir a partir de entonces en la ciudad: las embajadas de los países neutrales como España, las dependencias del nuncio del Vaticano y las instalaciones de la Cruz Roja Internacional serían el único refugio seguro para judíos y opositores de los nazis. Al periodista Eugenio Suárez le despertó la llamada de teléfono de un amigo italiano que le explicó que habían entrado, además, en la real legación italiana —la del gobierno antinazi de Badoglio— y detenido al encargado de Negocios. No pesaba ninguna orden contra Muguiro ni contra Sanz Briz, pero Suárez llamó raudo al encargado de Negocios para contarle la situación, la noticia era más que urgente: Budapest estaba rodeado de alemanes.[50] Durante los primeros meses de 1944 la situación general había empeorado por los reveses de la guerra. Los rumores de la posición proaliada de Kállay y los deseos de la derrota del Tercer Reich, junto a las noticias del Frente Este, que eran desfavorables paras las tropas húngaras, habían ido apagando la ciudad. Se temía una mayor implicación alemana, pero casi más el imparable avance del ejército soviético. Hasta entonces, Sanz Briz había disfrutado en Villa Széchenyi, su residencia de Buda, de una vida de relativa comodidad. Era un enclave estratégico y relevante para el desarrollo de la contienda, pero alejado aún del temblor de la guerra. Entremedias, Ángel había viajado a San Sebastián con Adela y Adelita, donde les esperaba su suegro, que las llevaría a Santander para su mayor seguridad. No estaba equivocado. Poco después de su regreso el panorama iba a ser radi-

50. Eugenio Suárez, *Corresponsal en Budapest (1946)*, Fundación Mapfre, Madrid, 2007.

calmente distinto. Las cartas que le escribió los días siguientes demostraban la paulatina precariedad de la situación, sobre todo para los judíos. En ellas explicaba cómo todos aquellos que tenían propiedades en el campo y fincas había abandonado la ciudad temiendo no solo a los alemanes, sino a las prontas repercusiones de los aliados como serían los ataques aéreos. Adela pensaba regresar a Budapest, pero Ángel la conminó a suspender el viaje dada la grave situación, al tiempo que expresaba ya la preocupación sobre los judíos: «hay que recordar que en este país hay un millón de judíos húngaros, 180.000 refugiados polacos, judíos, franceses, italianos, etc.».[51]

Cuatro días después de que el antiguo primer ministro tuviera que refugiarse a toda prisa en la embajada de Turquía, la situación excepcional de Hungría en la guerra se trastocó en la triste estampa del resto de territorios ocupados por los nazis. En apenas una semana el miedo comenzó a respirarse en las calles. A partir de la ocupación alemana, tanto Sanz Briz como Muguiro pasaron de ocuparse de los escasos percances que proporcionaba una legación en donde apenas había residentes españoles, a la responsabilidad de representar a un país neutral en guerra ocupado por el Tercer Reich. Sanz Briz comprendió el horror que se cernía ya sobre los casi 200.000 judíos que albergaba la ciudad y le escribiría a Adela: «Las calles de Budapest rezuman de estrellas amarillas. Se diría que no hay más que israelitas en este pueblo. Cada día salen nuevas leyes contra ellos. Les han quitado los automóviles, radio, teléfono. Bloqueado sus cuentas. Los siniestrados por los bombardeos pasan a habitar sus casas de las que

51. Arcadi Espada y Sergio Campos. *En nombre de Franco*, Crítica, Barcelona, 2013.

deben salir en el plazo de tres horas, dejando en ellas la mitad de sus ropas enseres y mobiliario.»[52] El nuevo primer ministro Döme Sztójay había puesto ya en marcha la segregación, por la cual todos los judíos de más de seis años estaban obligados a llevar en lugares públicos «una estrella de seis puntas de color amarillo canario de al menos 10 por 10 centímetros de diámetro fabricada con algodón, seda o terciopelo adherida por encima del pecho izquierdo en un lugar visible de la ropa que no sea tapado por otras prendas. La misma deberá estar cosida a dicha prenda de forma que no se pueda arrancar fácilmente. Todos aquellos que no obedezcan estarán cometiendo una ofensa y serán sentenciados a dos meses de confinamiento y, en caso de guerra, a seis meses, siempre y cuando sus acciones no constituyan una ofensa mayor».[53]

El embajador Miguel Ángel Muguiro, tras informar a Madrid sobre el drástico cambio político que se había producido, no tardó en anotar los primeros indicios de la persecución contra los «israelitas», como se los denominaban entonces en el lenguaje oficial, esto es, los que profesaban el judaísmo. La distinción demostraría no tener importancia, a pesar de ser un país esencialmente católico. Para los húngaros, los judíos convertidos al catolicismo no fueron tratados de forma distinta a pesar de la exhortación que haría el cardenal primado Serédi.[54] Tampoco re-

---

52. Carta de Ángel Sanz Briz a Adela Quijano, 23 de marzo de 1944. Reproducida de *En nombre de Franco*, Arcadi Espada y Sergio Campos, Crítica, Barcelona, 2013.

53. Decreto n.º 1.240/1944. Sobre la distinción de los judíos. Publicado en el diario oficial *Budapesti Közlöny* el 31 de marzo de 1944.

54. El cardenal Justinián Serédi, que ostentaba la autoridad entre los católicos húngaros y sería acusado de antisemitismo por tratar de evitar las medidas antijudías solo para los conversos.

sultaría relevante que practicasen la ortodoxia o no —cuya comunidad en Budapest tampoco era muy extensa— ni que la mayoría se considerasen esencialmente húngaros, sin otra distinción. Con Döme Sztójay en el Gobierno, la avalancha de decretos y leyes antijudías se intensificó. El ministro plenipotenciario del Reich, Edmund Veesenmayer, vigilaba atentamente al Gobierno informando a Berlín de cada paso, pero para la solución de la cuestión judía se trasladó personalmente a la capital Adolf Eichmann, teniente coronel de las SS a cargo de la sección IV de la RSHA,[55] es decir, la oficina dedicada a la implementación de la Solución Final. Miguel Ángel Muguiro se significó contra el nuevo Gobierno al informar que las medidas de los húngaros «disponen sobre los judíos aún de forma más rigurosa de lo que lo hace la legación alemana»,[56] pero sobre todo, en España, el nuevo cambio de gobierno en Hungría suscitó recelos. Al mismo tiempo se habían intensificado las propuestas y presiones sobre el Gobierno español para que facilitase la evacuación de judíos a través de sus legaciones extranjeras, que los propios diplomáticos ya habían promovido en otros lugares como Grecia, Rumanía y Bulgaria.

En Budapest no quedaba ya ningún rastro de la bonanza de la que se había disfrutado antes de la ocupación, pero los representantes diplomáticos desconocían a grandes rasgos la situación en las provincias. Por una parte, la designación del nuevo Gobierno húngaro, que aún no

55. Veesenmayer justificaría en su interrogatorio por parte del ejército de Estados Unidos que él nunca se ocupó de la cuestión judía, puesto que Eichmann había sido enviado allí con la misión.

56. Erzsébet Dobos, *Salvados*, Globobook Publishing, Budapest, 2015.

había sido reconocido en Madrid, obligaba a rebajar la presencia diplomática de la legación española. Por otra, Muguiro, que había sido muy crítico con las nuevas disposiciones, no gozaba de las simpatías de Sztójay. Poco después de su último informe sobre la situación de los judíos abandonaría Budapest, dejando al joven Ángel Sanz Briz, el encargado de Negocios, como la máxima autoridad de los intereses de España.

Era el segundo puesto diplomático de toda su carrera tras el hiato de la Guerra Civil y la breve estancia en El Cairo, también como segundo secretario. En ese momento, Hungría ya no solo era un país con una guerra alejada de sus fronteras, sino que estaba ocupada por los nazis y vivía bajo el miedo del imparable avance de las tropas soviéticas que pronto llegarían a las puertas de Budapest. España era un país neutral, pero cientos de miles de voluntarios de la División Azul combatían contra el Ejército Rojo en el Frente Este. Los bombardeos de los aviones británicos y estadounidenses eran cada vez más numerosos. El personal a su cargo era escaso y las cuentas exiguas. Pronto empezaría a faltar de todo. El último gran drama del plan de exterminio nazi se iba a desarrollar delante de sus ojos. Ya nadie dudaba de que Alemania había perdido la guerra, pero cuando fue nombrado máximo responsable de la legación neutral, los nazis se disponían a ejecutar el último capítulo del genocidio en el apogeo de su maquinaria asesina. En Alemania habían tardado diez años en discriminar, perseguir, expropiar y aislar a los judíos, primero en guetos, después en campos de concentración y, por último, con ejecuciones en masa. En Polonia lo lograron en dos años. En Hungría, en menos de dos meses. A mediados de 1944, el esfuerzo militar del Tercer Reich era ya inútil, solo les conducía a la destrucción total, pero la eficiencia de la Solución Final había alcanzado su cenit.

Los bombarderos británicos no tardaron en dejar su huella en los cielos para transmutar la fisionomía de Budapest: desde los propios destrozos de sus bombas a las necesarias medidas antiaéreas: las sirenas de aviso, los búnkeres en los patios de las villas y en el centro de la ciudad, las disposiciones obligando a conducir de noche con un solo faro,[57] o a oscuras si había sospecha de un ataque enemigo: una ciudad transitando a toda velocidad con sus coches ciegos, cuyo sonido cercano podía anunciar un peligro de atropello, como el silbido de una bomba precede a su explosión. El 3 de abril se produjo el primer ataque: «A las diez de la mañana, aproximadamente, se escuchó un zumbar de motores en el aire. Las piezas antiaéreas entraron en acción y se oyeron las tremendas explosiones de las bombas.»[58] Nunca olvidaría Sanz Briz el pavor de los bombardeos, hasta el punto de que le afectarían durante toda su vida los ruidos bruscos, inesperados, el zumbido desagradable: sufriría la trepanación de un oído durante su estancia, lo que agravaría su sensibilidad.[59] Al cabo del tiempo una de las bombas se llevaría por delante uno de los coches de la legación.

Aunque Horthy se justificase a menudo en los meses siguientes sobre su decisión de seguir al frente del país esgrimiendo la amenaza del Partido de la Cruz Flechada, lo cierto es que los nazis desconfiaban de los últimos. Su plan había sido siempre contar con el regente, que se ha-

---

57. Eugenio Suárez, *Corresponsal en Budapest*, Fundación Mapfre, Madrid, 2007.
58. *Ibidem*.
59. Entrevista a Adela Sanz Briz.

bía convertido en el Pétain de 1944.[60] Sztójay, que gozaba de la plena confianza de Ribbentrop, había formado
un gobierno de coalición que consistía en el partido del
Gobierno, el MEP, junto a dos partidos de ultraderecha
que hasta la ocupación habían permanecido en la oposición: el MMP de Béla Imrédy y el Partido Nacionalsocialista Húngaro, el MNSZP, que contaba con el apoyo
del propio Heinrich Himmler. La intención, según las
recomendaciones del maquiavélico Veesenmayer, era
que, en esencia, los cargos relevantes recayeran sobre
políticos experimentados y conocidos por los húngaros
antes que en una colección de advenedizos como era el
caso de los del Partido de la Cruz Flechada. Se dotaba así
al nuevo régimen de una apariencia de continuidad legal.
De hecho, de los ocho ministros, cuatro habían pertenecido al gobierno del depuesto Miklós Kállay.[61] Los nazis
desconfiaban del partido más radical de la ultraderecha,
los cruciflechados de Ferenc Szálasi, con quienes consideraban que sería más difícil de manipular como consta-
tarían más adelante. En cualquier caso, la ocupación fa-
voreció la progresiva impunidad de los Nylas húngaros,
las milicias paramilitares de Ferenc Szálasi que aterrori-
zaban a la población judía, y los que colaboraran con
ellos.

Poco después de implementarse la estigmatización de
los judíos con la estrella amarilla, Adolf Eichmann y

60. Informe del OSS a Will Donovan. National Archives, Estados Unidos.

61. Zoltán Vági, László Csösz y Gábor Kádár, *The Holocaust
in Hungary: Evolution of a Genocide (Documenting Life and Destruction: Holocaust Sources in Context)*, Altamira Press, United
States Holocaust Memorial Museum, 2013.

László Endre prepararon un plan para el inmediato confinamiento en guetos. El *Judenrein* —el Estado libre de judíos, puntal de la política nazi de la Solución Final— avanzaba a un ritmo vertiginoso. ¿Qué podía hacer el joven encargado de Negocios de una legación extranjera? ¿Con qué medios podría ayudar a un pueblo cuando su propio país se debatía entre la miseria y la hambruna?

8

Eichmann y el Comité Judío

Adolf Eichmann, el «zar de los judíos»,[62] se había labrado un nombre entre los oficiales de las SS a base de exagerar e impostar sus conocimientos sobre la cuestión judía haciéndose pasar por un auténtico experto: un erudito de las costumbres, características y razones históricas de la «raza judía». Eichmann, que pretendía incluso hablar yidis, había fabricado esencialmente su «vasto conocimiento» sobre la diáspora y las teorías sobre las migraciones de los judíos a lo largo de los siglos con el objeto de encumbrarse en la boyante administración nazi que trataba con el «problema judío». Alemán criado en Viena, había comenzado a maquinar sobre la deportación completa de los judíos de Europa, insuflado por las teorías de Alfred Rosenberg desde antes de que estallara la guerra. Para ello se nutrió de un joven rabino de su ciudad, Benjamin Murmelstein, al que explotó para tener algunas ideas sobre los aspectos que

---

62. Él mismo se apodó de esa forma, Bettina Stangneth, *Eichmann before Jerusalem. The unexamined life of a mass murderer*, The Bodley Head, Londres, 2014.

desconocía absolutamente sobre los judíos. Logró impresionar a sus superiores y con el tiempo fue ascendiendo en el escalafón a la sombra de Reinhard Heydrich, su superior en las SS. Eichmann recaló en la sección IV de la RSHA —la oficina de seguridad del Reich—, un departamento de las SS que bajo su nombre lo que escondía era el organismo encargado de coordinar todas las deportaciones desde los territorios del Reich hasta los campos de exterminio. Es decir, Eichmann, hacia 1944, como *obersturmbannführer* de las SS a cargo de la sección IV, estaba en la cúspide de la burocracia encargada de implementar la Solución Final.

Era la primera vez que se instalaba de forma permanente en uno de los territorios ocupados: el Reich quería acabar de forma fulminante con el problema judío. Apenas contaba con un Kommando de 150-200 hombres, a todas luces insuficientes para llevar a cabo por sí solos la ingente tarea de reunir a toda la población judía para su deportación a los campos de exterminio. Aunque la Wehrmacht tenía divisiones en Budapest, la mayor parte de los judíos que residían en Hungría no estaban en la ciudad, sino en el campo, las pequeñas ciudades, los pueblos.

Apenas unas horas después de la invasión, los oficiales de las SS a su cargo, Dieter Wisliceny y Hermann Krumey, fueron a las oficinas de la comunidad judía de Pest para convocar una reunión con todos los líderes de las diferentes organizaciones a la mañana siguiente. Reunieron a los diferentes líderes de las 500 organizaciones judías que había en la ciudad para tratar de apaciguarles. Lo que los oficiales de las SS intentaban establecer era una autoridad dócil que pudiera transmitir paulatinamente las órdenes del plan para la Solución Final sin que cundiera la rebelión. Wiscileny y Krumey comenzaron por asegurar que no habría detenciones ni deportaciones y que no se haría daño a nadie por el simple hecho de ser judío. Comunicaron además a las autoridades judías que les informarían de las medidas para que ellos se encargaran de hacer cumplir las nuevas ordenanzas y disposiciones, según sus propias consideraciones. Entre ellas las primeras: los alemanes ejercerían el control exclusivo sobre todos los asuntos relativos a los judíos, pero se establecería un consejo que ejercería la jurisdicción. Estos deberían calmar al conjunto de la población y evitar el pánico. Los miembros del consejo tendrían una inmunidad especial que les eximiría de seguir las mismas medidas para que no interfirieran en su cargo.[63] Era el esquema habitual de las SS, forzar a los judíos más prominentes para que aceptaran la responsabilidad y llevaran a cabo el trabajo sucio a cambio de unas mínimas condiciones de autogestión. Una forma de actuar calculadamente destructiva. Por una parte, les querían hacer creer que su autoridad serviría de enlace con los planes del Reich. Por otra, los convertirían a ojos de otros judíos en cómplices improvisados del exterminio. ¿Qué podían hacer? El asunto de los *Judenräte* sigue siendo materia de controversia. En su ingenuidad o su fatalidad, los líderes de las comunidades judías pensaban, no sin acierto, que en caso de negarse otros les sustituirían y que, con su concurrencia, podrían quizá todavía entorpecer los planes nazis. La primera suposición era cierta; la segunda, no. Nada de lo que pudieran haber hecho los Consejos Judíos habría cambiado el destino final de la mayoría de ellos. Y, sin embargo, su responsabilidad era extrema:

63. Randolph L. Braham, *The Politics of Genocide. The Holocaust in Hungary*, Wayne University Press, Detroit, 2000.

hacerse cargo intentando conseguir el menor daño posible, si es que esto era posible. La realidad es que las responsabilidades y posibilidades de los Consejos Judíos variaron enormemente según el momento y el lugar.[64] La situación de Budapest no tuvo nada que ver con la ciudad modelo de Theresienstadt o el gueto de Varsovia. Fueron diferentes personas, distintas órdenes y contextos. Las acusaciones de colaboracionismo en Theresienstadt no funcionarían igual en Budapest, ni los reproches de la capital húngara con los de Varsovia. Cada caso fue un mundo. Un doloroso proceso. La rebelión no era posible ni factible en todos los lugares y el argumento esgrimido por la mayoría de sus miembros fue que la colaboración con los nazis les permitió en ocasiones retrasar alguno de sus planes y salvar vidas. La realidad es que en esencia su capacidad era muy limitada.

El Consejo Judío era un invento de los nazis que cuadraba a la perfección con su concepción de la distinción racial. Antes de que ellos llegaran no había una autoridad similar, sencillamente porque estos no seguían a unos líderes distintos a los gobiernos de sus países. La misma idea de un Estado dentro de un país ahondaba en el hecho diferencial que querían imponer los nazis. La constitución de los *Judenräte* era la extensión de la segregación física que constituían los guetos, aunque en Budapest se produjo al contrario: primero se creó la distinción y luego se encargarían de reagruparlos. La inmensa mayoría de ellos nunca se hubieran definido de otra forma que no fuera como húngaros. Muchos ni siquiera se consideraban judíos porque no practicaban la

---

64. Yehuda Bauer, *Rethinking the Holocaust*, Yale University Press, New Haven, 2002.

religión, y otros cuyos padres se habían convertido al cristianismo lo descubrieron con la llegada de los nazis. El establecimiento de los *Judenräte* era una trampa mortal como bien les habían avisado desde otras partes de Europa. Sin embargo, como en el resto de los territorios ocupados, los «judíos influyentes» a los que los nazis abordaron consintieron en hacer el papel encomendado. Una forma racional de entender el dilema es que no había otra elección porque no existía una contrapartida, pero la oferta era de naturaleza mefistofélica. El pacto no tenía nada de esotérico, pero al tomar el poder que les ofrecían los nazis, por exiguo que fuera, aceptaron una pesada carga. Budapest, por sus circunstancias, fue uno de los lugares donde más acusaciones hubo por parte de los supervivientes. Entre otras razones, porque los judíos de la capital, en donde estaba el Consejo Judío, estuvieron a salvo de las deportaciones, a diferencia de las provincias, y porque colaboraron con los nazis durante los primeros meses. Pero la principal razón fue que sus líderes no informaron a tiempo sobre los secretos de Auschwitz. Y las iras después de la guerra recayeron sobre su presidente, Samuel Stern, y en menor medida sobre Rudolf Kastner, que no pertenecía al *Judenrat* pero lideraba a los sionistas.

Las conexiones de Stern al más alto nivel le hacían la persona ideal para acometer la ingrata tarea. Stern no era un judío ortodoxo, estaba plenamente identificado con el nacionalismo húngaro y era amigo personal del almirante Horthy. Era banquero de la alta burguesía pero contrario al sionismo. Stern, a diferencia de Rudolf Kastner, no había participado en las operaciones de rescate antes de la ocupación alemana aunque Eichmann los utilizaría a los dos. En el caso del primero respondía al plan inicial del ministro plenipotenciario del Reich Veesenmayer: contar con la vieja guardia para conducir al país sin demasiados sobresaltos. Samuel Stern contaba con la ventaja de tener acceso a Horthy, a quien podía haber influido presionando en los círculos del Gobierno, sobre todo a partir de la noticias de Auschwitz, pero no lo hizo. Eichmann y Wisliceny se comportaron a su llegada como unos oficiales corruptos que podían ser comprados con lujos y prebendas: exigieron de todo y el consejo les proveyó de todo lo que pidieron. La estrategia era pasar por estar en venta a cambio de un mejor trato cuando en realidad no lo estaban.[65] Sin embargo, en Hungría la Vadaa llevaba ya años con las operaciones de rescate y Kastner era financiado por las agencias internacionales judías, lo que facultaba a hacer ofertas mucho más suculentas con las que Eichmann y Wisliceny jugaron durante meses.

Tras la primera reunión, Eichmann recibió en sus oficinas del Hotel Majestic en Buda, hacia finales de marzo, a la delegación del nuevo Consejo Judío. Entre los asistentes, además de Stern, se encontraba Kastner al frente del Comité para el Rescate Judío. En esa reunión, Eichmann despachó a los «judíos prominentes» con su habitual laconismo: no había nada de lo que preocuparse. Solo se establecerían una serie de medidas para segregar a los judíos y, en su caso, conminarlos a una serie de trabajos para la conveniencia del régimen alemán. Lo que no esperaba era las propuestas de Kastner en nombre de los sionistas. Eichmann, que había leído *El Estado judío* de Theodor Herzl, estaba inclinado a estudiar la

65. Hannah Arendt, *Eichmann en Jerusalén. Un estudio sobre la banalidad del mal*, Lumen, Barcelona, 1999.

proposición no solo por sacar beneficio, sino por ver hasta dónde podían llegar. Los sionistas gozaron de los mismos privilegios y algunos más, como libertad para moverse incluso fuera de Hungría. Kastner tenía financiación y pretendía comprar las vidas de judíos a cambio de miles de dólares, por lo que negoció con Wisliceny y Eichmann durante meses. Después de la guerra se acusaría a Kastner de haber colaborado con los nazis para salvar la vida de unos pocos privilegiados mientras el resto eran deportados. Se defendería argumentando que mientras a Oskar Schindler se le tildaba de héroe por sobornar a los oficiales nazis, a él, en cambio, se le acusaba de colaboracionista.[66] Eichmann acabaría aceptando la solución conocida como el tren Kastner, por el cual unos 1.300 judíos fueron llevados a Suiza a cambio de una enorme suma de dinero. Aprovecharía, sin embargo, para enredarle en un plan delirante que consistía en cambiar vidas por camiones para el Reich. El oficial de las SS quería embaucar a los aliados en una operación de descrédito en caso de que no funcionara y en un éxito para las necesidades de guerra en caso de que lo hiciera. Aprovechando los contactos de Kastner con las agencias sionistas, planeó una operación enviando a uno de los miembros de la Vadaa junto a un agente de la Gestapo a Turquía, para que estableciera contacto con los aliados y entablara negociaciones. Joel Brand fue el encargado de la misión, acompañado de un agente que no fue otro que Andréi György.[67] Cuando Brand contactó con el servicio de inteligencia británico le interrogaron para cono-

66. Rudolf Kastner, *The report of the Budapest Jewish Committee, 1942-1945*, United States Holocaust Memorial Museum.
67. Ver capítulos 2 y 4.

cer los detalles, pero concluyeron que era una propuesta inasumible, destinada, en efecto, a servir de propaganda contra los aliados. Cuando se hizo evidente la incapacidad del Consejo para evitar las atrocidades nazis cayeron en el descrédito más absoluto, y serían juzgados duramente al finalizar la guerra. En Budapest corría la siguiente anécdota entre ellos:

Un judío es despertado en mitad de la noche por unos fuertes golpes en la puerta de su casa:
—¿Quién anda ahí? —pregunta sobresaltado.
—La Gestapo —responde una voz amenazante.
—¡Gracias a Dios! Creía que era el Consejo Judío.[68]

68. Júdit Mólnar, *The foundation and activities of the hungarian Jewish Council, march 20, july 7, 1944*, Yad Vashem Studies, <www.yadwashem.org>.

9

Los fugados de Auschwitz

Rudolph y Alfred se habían perdido. Caminaban de noche para evitar las patrullas de los soldados alemanes. Era mediados de abril de 1944.[69] Las noches eran frías, pero menos que las de los barracones del campo donde habían pasado el invierno. Alfred descubrió que se habían desviado demasiado al oeste de su plan de ruta inicial. Estaban en los alrededores de la ciudad de Bielsko-Biala, Polonia. Siguieron caminando en la oscuridad para dejar atrás la población, pero las primeras luces del alba les susurraron que habían dado vueltas en círculos. Seguían en las inmediaciones del pueblo. Tenían que esconderse o corrían el peligro de ser descubiertos. Llegaron a una desvencijada casa de unos campesinos. Se arriesgaron a llamar buscando cobijo. Les abrió una mujer en la que percibieron los surcos del tiempo y el campo. Les recibió con la cortesía tradicional de la región en

69. Rudolf Vrba, «The preparation for the Holocaust in Hungary: an eyewitness account», en *The nazis last victims: The Holocaust in Hungary*, Wayne University Press (edición Kindle), Detroit, 1998.

nombre de Jesucristo y les mostró la voluntad de esconderlos durante un par de días. Comieron pan y sopa de patatas, esto último, un pequeño lujo después de haber caminado durante días con apenas 400 gramos de pan. Tanto Rudolph como Alfred hablaban bien el polaco, aunque no fuera su lengua materna. Supieron por boca de su benefactora que las poblaciones cercanas habían sido «germanizadas» por civiles a los que les habían dado órdenes de disparar a cualquier extranjero sin identificar que deambulara por el campo. El más mínimo atisbo de ayuda se castigaba bajo pena de ejecución. No eran amenazas. Muchos yacían ya bajo tierra por haber socorrido a rusos y polacos considerados por los agentes alemanes como fugitivos. Rudolph y Alfred pertenecían a esta categoría; se habían fugado del campo de concentración en el que llevaban retenidos desde 1942, Auschwitz. La mujer les llevó hasta Pisarzowice para que continuaran su camino. A partir de entonces las casas que encontraron en las orillas del río Sola cerraron las puertas y ventanas cuando en ocasiones les vieron aproximarse. Ya no había agentes alemanes, pero ninguno de los polacos a los que preguntaron les respondió. Al final su presencia llamó la atención de las autoridades alemanas, que les descubrieron mientras descansaban en un claro del bosque. Comenzó una batida con perros y los agentes les dispararon sin preguntar. Rudolph y Alfred corrieron hasta internarse en el bosque cerca de Porabka. En la huida tiraron los abrigos y las provisiones y siguieron desesperadamente su carrera. El día 19 de abril, tres días después de haber escapado por el filo de una hoja de la persecución, una mujer que cuidaba cabras en las colinas de Milowka les vio. Sabía que eran fugitivos. Sus antiguas ropas, que aunque manchadas por los días en el campo y los bosques les habían dado una cierta apariencia, ya no les protegían. Esa mujer no les denunció. Les llevó hasta otro polaco después de darles comida y refugio. En ese momento, Rudolph y Alfred supieron que tenían una posibilidad real de llegar a Eslovaquia, su tierra natal. El polaco esperó hasta el día 20 y les condujo a través de sendas protegidas hasta la frontera con su país, Eslovaquia, después de darles información detallada sobre los pasos fronterizos, las patrullas y los puestos de los guardias. Veinte días después de haberse fugado de Auschwitz habían llegado a su destino. Aún tuvieron que ser cuidadosos durante los días siguientes, pero estaban en casa, de donde habían sido deportados dos años antes. Pocos días después llegaron a Bratislava, donde fueron llevados hasta el Consejo Judío.

Rudolph Vrba y Alfred Wretzler fueron interrogados por separado mientras una taquígrafa tomaba notas. Era esencial que las versiones fueran independientes para asegurar, por medio de su contrastación, un relato veraz de los horrores que ambos describían. Lo que siguió fue un detallado informe sobre el lugar de donde venían. Ambos relataron la ubicación de las cámaras de gas y su función. El número de personas que estaban allí empleadas, los métodos que se seguían, los hornos crematorios, el funcionamiento general de la fábrica de la muerte. Para entonces, finales de abril de 1944, la noticia sobre la matanza de judíos en el Este, como Ucrania, había llegado a varios rincones de Europa, pero, aunque brutales, nadie conocía la verdadera magnitud de aquellos campos que los dos jóvenes evadidos estaban diseccionando. No eran de internamiento, ni solo de trabajo. Rudolph y Alfred no solo informaron de las cámaras, dibujaron planos de las instalaciones y explicaron el funcionamiento general. Y cuando habían terminado de relatar los horrores de los que habían sido testigos enunciaron el verdadero objetivo de su fuga:

—Están preparándose para la llegada de miles de húngaros. Hay que avisarles de que les esperan las cámaras de gas, es urgente que sepan lo que está ocurriendo.

Primero hubo dudas. Había que considerar que la información fuera correcta. No es raro que entonces casi no pudieran concebir lo que habían escuchado. Eran las primeras noticias de testigos directos de lo que aún sigue horrorizando a la humanidad. La representación de la atrocidad de las cámaras de gas de Auschwitz, con todos los elementos que la han convertido en el referente inexcusable del siglo XX, partieron de sus líneas:

El techo tiene tres trampas a medida que se cierran herméticamente desde fuera. Un camino dirige desde las cámaras de gas hasta la sala del horno. El gaseamiento se produce de esta forma: las desdichadas víctimas son llevadas al *hall*, donde se les pide que se desvistan. Para completar la ficción de que se van a dar una ducha cada persona recibe una toalla y una pequeña pastilla de jabón que se las proporcionan dos hombres vestidos con bata blanca. Entonces son abarrotados en tal cantidad dentro de la cámara de gas que solo hay sitio para estar apretujados de pie [...]. Cuando están todos dentro, las pesadas puertas se cierran. Entonces hay una pequeña pausa presumiblemente para esperar a que la temperatura del espacio llegue a un cierto nivel. Justo después, unos 55 hombres saltan al tejado con máscaras de gas, abren las trampas y agitan una preparación de polvos que proceden de unos bidones de hojalata etiquetados con la palabra «Cyclon», «Usar contra las plagas», que son manufacturados de una firma de Hamburgo. Se supone que es una combinación de cianuro de alguna clase que se transforma en gas a una temperatura concreta. Pasados tres minutos todos los que ocupaban la habitación han muerto. No se conoce ningún caso de haber sobrevivido al gaseamiento [...]. La cámara entonces se abre, se ventila y un comando especial apila los cuerpos en camiones con plataforma plana hasta los hornos crematorios, donde se toman turnos para quemar los cadáveres. Los números III y IV trabajan sobre el mismo principio, pero su capacidad es solo la mitad de los otros. En total los cuatro hornos y las plantas de gaseamiento en Birkenau pueden liquidar a 6.000 personas diarias.[70]

La mera sospecha de lo que se estaba revelando era tan abrumadora que había que actuar rápido. Al final redactaron dos copias en eslovaco y otra en húngaro que decidieron enviar a Budapest lo más pronto posible. Partieron emisarios a Budapest no sin que antes algunas personalidades no judías fueran informadas del terrible secreto. Una de ellas fue el nuncio en Bratislava, que informaría por medio de la valija diplomática de Suiza al papa Pío XII.

70. Protocolos de Auschwitz.

10

La destrucción de los judíos de Hungría

Parte mi informador del instante en que S.A.S. aceptó el hecho consumado de la ocupación del territorio húngaro por las fuerzas alemanas de ejército y policía y asegurarme que la aceptación por el regente se contrajo solo al objeto de nombrar un Gobierno dócil a las pretensiones alemanas en toda su amplitud y que eliminara la influencia judía en todos los órdenes de la vida húngara, al amparo de cuya acción gubernativa Alemania se comprometía por su parte a retirar sus fuerzas de ocupación y aun su policía política restituyendo a Hungría en la plena soberanía con que resolviera sus propios problemas y, entre ellos, al que más importancia se concedía: el problema judío, cuya resolución debería llevarse humanamente por solo elementos húngaros. Durante los tres meses largos que siguieron a la crisis provocada por las imposiciones de Alemania, el regente cumplió lo prometido, nombrando un Gobierno afecto a la política del país ocupante, el cual dictó leyes contra los judíos que satisficieran las mayores exigencias de eliminación. Alemania, por su parte, siguió manteniendo sus fuerzas y aun su policía política, la cual, actuando con plena independencia, no solo ejerció actos coercitivos contra los ciudadanos de raza judía, sino también contra relevantes personalidades de la vida húngara. Por su parte, el nuevo Gobierno húngaro, por medio de su ministro de Interior Ander Kaross, puso en práctica las aludidas leyes eliminatorias, destacándose por su acción de rigor al aplicarlas dos subsecretarios del ministro: László Baky y László Endre.[71]

Las fuentes de Sanz Briz constataban la triste realidad del país. Bajo el liderazgo de Horthy se habían plegado a la imposición de la Solución Final. Los judíos de Budapest sufrirían la persecución, los horrores de las marchas de la muerte y el agónico confinamiento en guetos durante casi tres interminables meses, pero en las provincias la aniquilación sería fulminante. Arropados por la entusiasta connivencia de los húngaros del Gobierno y los funcionarios de Interior y la policía, las SS de Adolf Eichmann aplicaron sus planes en menos de un mes. Tendría dos nombres propios además del oficial de las SS: Baky y Endre.

Sztójay nombró ministro de Interior a Ander Kaross, quien a su vez designó a dos secretarios de Estado para coordinar la operación con Eichmann: Baky y Endre, que fue el que decidió que se empezaran las deportaciones por el campo. El esquema que siguieron, según las órdenes de Eichmann, fue el que ya habían perfeccionado los nazis: una primera fase en la cual se establecie-

71. Informe de Ángel Sanz Briz al Ministerio de Asuntos Exteriores, AGA 82/3.955, antiguo AMAE LR1180.

ron listas con los nombres de los judíos en todas las ciudades y pueblos, la confiscación posterior de todas sus propiedades y el confinamiento en guetos. Dependiendo de la población, en zonas especiales designadas de la localidad, y si estas eran pequeñas, utilizando antiguas fábricas o espacios para su confinamiento.

El jefe de las SS, Adolf Eichmann, informó a sus superiores y al propio comandante del campo de Auschwitz, Rudolf Höss, que nunca en toda la guerra se había procedido con tanta diligencia por parte de las autoridades legales. De hecho, se sorprendía de la eficiencia de la operación y se vanaglorió de ello: pretendía romper el récord. Lo consiguió con creces. ¿Por qué si Alemania estaba en el fin de su capacidad militar fue capaz de perpetrar el mayor número de deportaciones en un tiempo récord? En Hungría existían las bases necesarias para prender la mecha antisemita desde antes de la guerra. La voracidad de las nuevas disposiciones contra los judíos descansaba sobre un lecho mullido. Desde 1920 se habían promulgado leyes de discriminación. Aunque hasta antes de la ocupación Hungría no colaboró con la deportación de los judíos, al igual que Italia, el hecho de que se estrechara el cerco sobre ellos seguía una lógica continuista, a diferencia de los mediterráneos, donde no había un historial previo de persecución. Facilitó que en las provincias las autoridades, desde alcaldes a gendarmes y policía, no se cuestionaran en exceso las nuevas disposiciones. El Gobierno estaba respaldado por el jefe del Estado y la presencia de los alemanes en el marco de la operación fue menor. Fueron esencialmente las fuerzas de Interior de los húngaros las que acometieron la tarea. Los pogromos o persecución de judíos habían sido moneda corriente durante el siglo

XIX, al igual que en otros territorios de Europa central y del Este.

El hecho de que en Hungría ya existieran medidas antijudías antes incluso de la guerra y que durante el comienzo de la colaboración con Alemania se hubiera establecido el Servicio de Trabajo para los judíos en el frente, puesto que no combatían en las unidades del ejército, tuvo el efecto en la población judía de que su confinamiento era un paso más hacia su definitiva segregación, pero no el paso previo a su deportación y asesinato. La inmensa mayoría se presentaron de forma voluntaria con sus pertenencias, maletas, propiedades y enseres. Solo unos pocos se escondieron para preparar alguna fuga hacia Rumanía y la mayoría eran refugiados polacos de los cuales muchos conocían la aniquilación de primera mano. Eran principios de abril y Rudolf y Alfred, los fugados de Auschwitz, aún no habían llegado a Eslovaquia con el detallado informe. Algunos habían escuchado de los refugiados del Este las historias terribles que acaecían en los campos, pero en general hicieron oídos sordos. Exageraciones, rumores, alarmismo. Los húngaros nunca quisieron aceptar que las medidas contra ellos significaran su asesinato.[72] No se sabe qué hubiera ocurrido de haberse difundido con pruebas sólidas y no más allá de conversaciones sueltas, segundas versiones. Lo más probable es que no hubiera servido de mucho, pero lo descubriremos más adelante. A los pocos días de su internamiento en guetos, los oficiales húngaros les habían despojado de todo lo que llevaban encima y, sin quedar satisfechos, les propinaron intensas palizas para averi-

72. Chaim Shlomo Friedman, *Dare to survive*, C.I.S. Publishers, Nueva York, 1991.

guar dónde guardaban más dinero y objetos de valor que les reportaran algún beneficio.

Las primeras dificultades serias comenzaron a finales de mayo. Con las primeras luces del alba llegaron al gueto miembros de la gendarmería húngara para llevarse a la fuerza si era necesario a mi padre, mi abuelo, un tío y una tía a una escuela cercana. Allí los gendarmes les sometieron a increíbles torturas para sonsacarles el lugar donde sospechaban que escondían objetos de valor.

Después de pasar por las manos de los oficiales húngaros, estaban en tan malas condiciones que cuando finalmente se encontraron en las rampas de Auschwitz no tenían ninguna posibilidad en la selección. Debido a sus graves lesiones eran inmediatamente calificados como no aptos para el trabajo[73] y eran enviados directamente a la cámara de gas.[74]

La situación fue generalizada en casi todos los guetos de las provincias donde los gendarmes húngaros se esmeraron en el expolio antes de entregárselos a los nazis, incluso con torturas más elaboradas.

Primero me desnudaron por completo, después me ataron los pies con las manos y me pusieron alrededor de los genitales un cable eléctrico. Me desmayé dos veces. En ese momento me golpearon concien-

73. Testimonio de Olga Kovacs, Nueva York, 1995. USHM.
74. Podían haber tenido una oportunidad, pero por su edad probablemente las lesiones no eran ya relevantes para los nazis que enviaron a 395.000 de 400.000 aproximadamente a las cámaras de gas.

zudamente con una porra de goma y cuando estaba gritando por el terrible dolor...[75]

Muchos se suicidaron después. El resto de recuerdos personales sobre los guetos en las provincias y el posterior traslado no difieren mucho[76] respecto a las condiciones y las torturas, pero denotan un aspecto crucial: la activa participación de sus compatriotas y su esmerada crueldad, superior a la de los alemanes. La mayoría se refieren siempre a estos como los verdaderos salvajes y no a los nazis, que en comparación consideran que eran atentos.[77] Todos citan una y otra vez el ansia de las autoridades por quitarles objetos de valor, dinero, joyas y cualquier cosa; si en Hungría no se había concebido antes el asesinato de los judíos, parece claro que el antisemitismo latente, que se había manifestado en decretos, ordenanzas y leyes con anterioridad, se impulsó bajo la tutela de los nazis. Los húngaros robaban y apalizaban a los judíos, que era fundamentalmente su mayor objetivo. Colaborar con los nazis les brindaba esa posibilidad, lo que ocurriera con ellos una vez entregados a los trenes no les importó.

El proceso fue rápido; apenas pasaron semanas entre que fueron recluidos en guetos y después agrupados en centros de internamiento, desde sus localidades, para su posterior traslado en tren hacia Auschwitz-Birkenau. El trato fue tan inhumano que hasta algunos guardias y oficiales nazis protestaron. Sin embargo, la rapidez con la que Eichmann quería acabar con todos los judíos de

75. Randolph L. Braham, *The Politics of Genocide. The Holocaust in Hungary*, Wayne University Press, Detroit, 2000.

76. Recogidos en Braham y en otros.

77. Entrevista con Judith Konrad, Londres, mayo de 2016.

Hungría fue clave para que Endre implantara las brutales medidas. Se utilizaron vagones de transporte de soldados en los que para un espacio que podía albergar a unos 40 soldados, se introdujo entre 70 y 80 personas. Prácticamente el doble. Apenas se les daba una ración de pan para todo el camino. En su interior solo había un cubo con agua y otro para sus necesidades. Una vez que estaban dentro eran sellados con cadenas y apenas abrieron las puertas en el paso de la frontera. El viaje en sí mismo era una tortura. Hubo regiones como las de Transilvania y Munkacs donde incluso llegaron a meter a más de 100 personas por vagón. Endre dispuso que la media por cada transporte ferroviario sería de 55 vagones. El capitán de la policía László Lulay lo resumía de la siguiente forma:

> Al menos 100 personas pueden entrar en cada uno de ellos si es necesario. Se les puede llevar como sardinas en lata, ya que los alemanes necesitan gente dura. Los que no puedan soportarlo morirán. No hay necesidad de que haya mujeres elegantes en Alemania.[78]

En algunos, los agujeros para la ventilación estaban prácticamente taponados. Los relatos de algunos guardias y testigos como las enfermeras de la Cruz Roja son espeluznantes. Al abrir los vagones ya habían perecido una gran cantidad de ellos:

78. Zoltán Vági, László Csösz y Gábor Kádár, *The Holocaust in Hungary: Evolution of a Genocide (Documenting Life and Destruction: Holocaust Sources in Context)*, Altamira Press, United States Holocaust Memorial Museum, 2013.

Cuando los trenes eran detenidos en la frontera, donde aguardaban enfermeras de la Cruz Roja para darles algo de beber, los vagones de los húngaros contenían muchos cadáveres junto a los demacrados.[79]

La brutalidad de los gendarmes húngaros, rayana en el sadismo, rivalizaba con su candidez, puesto que el 90 % de ellos fueron directamente a las cámaras de gas, no a los campos de trabajo.

79. Informe de la Embajada británica en Suecia, 26 de mayo de 1944. FO 37/42.811, National Archives, Kew, Reino Unido.

11

El protocolo del mal

El relato de Thomas E. Konrad en Winchester era una de las respuestas del terrible secreto que durante años el Tercer Reich ocultó al mundo.[80] Los dos «eslovacos o polacos» que habían entrado aquella mañana en que Thomas estaba ante el despacho del jefe del Congreso Judío de Budapest, Samu Stern, debieron de ser emisarios de Bratislava, tras haber sido informados por los fugados de Auschwitz. Los líderes de la comunidad judía de Budapest habían tenido conocimiento del contenido de los Protocolos de Auschwitz a finales de abril, pero no disponían todavía de una copia.[81] Las que el Consejo Judío de Bratislava había realizado del informe de Rudolph Vrba y Alfred Wretzler no llegarían a la capital hasta finales de mayo, como pronto. No hay un relato unánime ni claro sobre cómo y en qué forma llegaron a las autoridades judías en Budapest, ni sobre todo por qué tardaron tanto en difundirlo, en un momento

---

80. Ver capítulo 1.
81. Randolph L. Braham, *The politics of Genocide: The Holocaust in Hungary*, Wayne University Press, Detroit, 2000.

que habría sido crucial. Thomas E. Konrad era un joven de dieciséis años que ejercía como chico de los recados y su madre Frida era una traductora. No tenían ni la posición, ni los medios para alertar al casi millón de judíos húngaros que iban a ser enviados a la muerte. Eichmann había coaccionado a Samu Stern para que no difundiera el contenido del informe: había que evitar que cundiera el pánico y la máxima autoridad de los judíos aceptó. Frida tardó varias horas en contarle a su hijo lo ocurrido en el despacho por la mañana. Desde ese momento, su única preocupación fue abandonar el país cuanto antes.

Samu Stern sobrevivió a la guerra y en sus memorias y declaraciones posteriores no desmiente en esencia el relato de Thomas: supo de la existencia de los campos de la muerte y consideró que la única forma de ayudar sería de forma subrepticia. Pero Stern, Thomas y Frida no eran los únicos en conocer las revelaciones sobre lo que a partir de entonces se denominarían campos de la muerte. Rudolf Kastner, del Comité para el Rescate Judío sionista tenía una copia en húngaro. Es muy probable que Kastner lo supiera antes incluso que Stern.[82] Su actividad como presidente del Comité y sus conexiones con los diferentes grupos de sionistas en Bratislava y Turquía le brindaban una posición privilegiada.

Cuando terminó la guerra y se examinó el papel de las autoridades judías, Rudolf Kastner tuvo que dar explicaciones sobre la demora en la difusión de la realidad sobre Auschwitz. Durante el juicio contra Edmund Veesenmayer llegó a decir que conocía la existencia de los campos desde al menos 1942 por testimonios de otros supervi-

    82. Randolph L. Braham, *The Politics of Genocide. The Holocaust in Hungary*, Wayne University Press, Detroit, 2000.

vientes que habrían logrado escapar antes. En 1954, en Israel declaró que hacia finales de abril agentes alemanes le contaron que se había decidido la deportación total de los judíos de Hungría según un acuerdo entre este Gobierno y el de Eslovaquia para transferir los trenes de deportados hacia Auschwitz, e incluso que recibió información del propio campo de que se preparaban para recibir a los húngaros —esto último es lo que declararon Vrba y Wretzler—. Kastner, que tenía trato habitual con Krumey y Wisliceny, los oficiales de las SS de la oficina de Eichmann, porque había preparado con ellos un plan para salvar a unos cientos de judíos, explicó que hacia el 3 de mayo el último le confirmó la noticia de la deportación total.[83] Kastner evitó mencionar expresamente el Protocolo de Auschwitz, tanto en sus declaraciones durante el juicio de Veesenmayer como en el caso de libelo presentado contra él en 1954 en Israel, a pesar de que se sabe que le fue entregada una copia.[84] De hecho es muy probable que fuera Kastner o alguien muy próximo a él quien entregaría una de ellas a Ángel Sanz Briz, en su despacho de la calle Eötvös. Ángel hizo constar la fuente de donde había obtenido el escalofriante relato de los dos evadidos de Auschwitz en su despacho número 160:[85]

Adjunto elevo a manos de V. E. un informe sobre el trato a que se condena a los judíos en los campos de

83. Randolph L. Braham, *The Politics of Genocide. The Holocaust in Hungary*, Wayne University Press, Detroit, 2000.

84. Rudolph Vrba, *I cannot forgive*, Regent College Publishing, Vancouver, 1998.

85. Carta de Sanz Briz al ministro de Asuntos Exteriores José Félix de Lequerica, AGA. 82/5.046. La fecha de Budapest es de 26 de agosto. El registro de entrada en Madrid, de 15 de septiembre.

concentración alemanes. Dicho informe me ha sido entregado por elementos de la junta directiva de la organización sionista de esta capital.

La junta directiva de los sionistas la formaban entonces Kastner, Komoly y Springmann, por lo que es muy factible deducir que estaban en contacto con el encargado de Negocios.

El texto que envió Sanz Briz y que se conserva en el Archivo General de Administración, adonde se trasladó el antiguo archivo del Ministerio de Asuntos Exteriores, consta de 27 páginas en francés con la narración de Rudolph Vrba y Alfred Wretzler. En sus páginas se habían reproducido los planos sobre el campo y el funcionamiento de las cámaras de gas dibujados a mano por los dos evadidos. Como anexo se encuentra el testimonio de una judía húngara deportada el 15 de mayo, que narra sus experiencias en Munkacs, por lo que se trataría de una versión posterior a la original enviada desde Bratislava a las autoridades judías. Es sabido que en Budapest se tradujeron a varios idiomas. Además del eslovaco original, llegó una primera copia en alemán, que posteriormente se tradujo al italiano para el papa. Sin duda se perdió tiempo con las traducciones,[86] máxime en el caso de Pío XII, que hablaba precisamente alemán. Que esté en francés explica también el aparente retraso con el que llegó la copia a Sanz Briz, ya que otras embajadas, como la suiza y la sueca, informaron antes del contenido. El concienzudo español era cauto ante las informaciones y, al mismo tiempo, riguroso, tal y como detalla en su infor-

86. Randolph L. Braham, *The Politics of Genocide. The Holocaust in Hungary*, Wayne University Press, Detroit, 2000.

me. En él explica que al provenir de los sionistas podría incluir exageraciones —«apasionamiento», según sus palabras—, por lo que lo había discutido con el resto de diplomáticos extranjeros con los que estaba en contacto para formarse una mejor opinión:

... los informes que he podido obtener de personas no directamente interesadas en la cuestión y de mis colegas al cuerpo diplomático aquí acreditado, resulta que una gran parte de los hechos que en él se describen son desgraciadamente auténticos.[87]

El historiador Randolph L. Braham, en su obra *The Politics of Genocide: The Holocaust in Hungary*, advirtió que las autoridades católicas lo supieron sobre las mismas fechas que el *Judenrat*, ya que el nuncio de Bratislava tuvo constancia de los horrores del campo de exterminio poco después. Lo más probable, sin embargo, es que ese despacho no llegara a la Santa Sede antes que los de otros países neutrales, y con toda seguridad de los propios aliados. Las comunicaciones de los delegados del papa eran especialmente deficientes. Como no disponían de un servicio de correo propio, utilizaban el de las embajadas de Suiza, país que se había ofrecido a compartir su sistema de mensajería con el Vaticano.[88] De esta forma el nuncio tenía que esperar a que saliera un correo de la legación suiza,

87. Informe de Sanz Briz al ministro de Asuntos Exteriores José Félix de Lequerica, AGA. 82/5.046. La fecha de Budapest es de 26 de agosto. El registro de entrada en Madrid, de 15 de septiembre.
88. David Álvarez, «The best information Service in Europe? Vatican Intelligence and the Final Solution», en *Secret Intelligence and the Holocaust*, Enigma Books, Nueva York, 2006.

que este llegara a Berna y que, una vez entregado allí, siguiera de camino hacia el Vaticano con el resto de documentación para el embajador suizo en Roma. Lo más probable es que el papa no lo supiera antes que el resto de países neutrales y que su acción sería decisiva.

12

La Solución Final al descubierto

El operador hizo esperar unos minutos en la línea a Henry Morgenthau Jr., secretario del Tesoro del Gobierno de Estados Unidos. Tenía instrucciones urgentes para el presidente Roosevelt sobre los acontecimientos de Hungría. Morgenthau esperaba al otro lado del teléfono a Dorothy Brady, la secretaria del presidente que canalizaba toda la información de la guerra para Estados Unidos. Era preciso informar a Roosevelt de que había llegado el momento de emitir un comunicado sobre la situación de Hungría. Ejercer una presión internacional:

—Creo que es el momento de que el presidente haga pública una declaración sobre la situación en Hungría. Si pudiera ir acompañada de una repulsa no solo de Churchill, sino también de Stalin, ejercería mucha más fuerza sobre... ya sabes, que los alemanes no pueden asesinar a toda esa gente en Hungría y Rumanía.

—Hmmm.

—Y si nadie dice nada lo más probable es que

dentro de poco va a haber un millón o más de asesinados en Hungría y Rumanía.

—Hmm. De acuerdo, tomo nota. Bueno, redactaré un memorándum sobre el asunto y se lo haré llegar al presidente.

La conversación es del 22 de marzo de 1944.[89] Dos meses antes de que el *sonderkommando* dirigido por Eichmann y ejecutado por László Endre en las provincias de Hungría recluyera en guetos y deportara directamente a las cámaras de gas de Auschwitz a casi medio millón de judíos. Aún no se había dado a conocer el Protocolo de Auschwitz, y aunque el secretario del Tesoro no alude específicamente a los judíos, las cifras que da encajan con el número que vivían en Hungría: 800.000, además de Rumanía y los posibles refugiados de Polonia y Eslovaquia.

Morgenthau había sido el principal impulsor del organismo conocido como War Refugee Board, el Comité para Refugiados de Guerra, una instancia especial dependiente del presidente al margen de la Secretaría de Estado, el Ministerio de Asuntos Exteriores. Bajo sus siglas escondía el verdadero objeto de su creación, que no era sino el de intentar evacuar al mayor número posible de judíos de Europa. Aunque todos su críticos han puntualizado que su creación fue tardía, enero de 1944, y que ya apenas sirvió para nada, el comité fue extremadamente activo en los países neutrales para coordinar operaciones de salvamento. Dependían, obviamente, de la voluntad y cooperación de estos, y especialmente de su personal di-

89. Diarios de Henry Morgenthau Jr., marzo de 1944. National Archives, Estados Unidos.

plomático en el territorio ocupado por los nazis. Roose-velt y Churchill emitirían su declaración de repulsa hacia los «crímenes nazis» pocos días después. Stalin nunca se adhirió a ella. Aunque la presión que podía ejercer una declaración formal por parte de dos países beligerantes era limitada, instaría, más adelante, a la unánime respuesta del cuerpo diplomático de los países neutrales en Hungría que habría de detener las deportaciones masivas.

Lo sorprendente del documento, recogido en los diarios del secretario del Tesoro, es la convicción que tenía ya Morgenthau sobre el destino de los judíos una vez que Alemania había invadido Hungría. Un millón. Asesinados, no por acción de la guerra. El mundo no conocía aún lo que les ocurría a los deportados en los campos de Polonia. Era evidente imaginar el trato atroz y las muertes constantes en los campos de trabajo, pero nadie era consciente de la gigantesca maquinaria asesina de lugares como Auschwitz. Lo darían a conocer desde Budapest los diplomáticos Sanz Briz, Angelo Rotta e Ivan Danielsson, aunque de las palabras de Morgenthau se deduce las sospechas que tenían ya las altas esferas del Gobierno de Estados Unidos sobre la aniquilación sistemática.[90]

Se tenían informaciones sobre las matanzas acaecidas en el Frente Este por unidades alemanas en Ucrania y otros lugares. Los infaustos Einsatzgruppen. La inteli-

90. Existe una gran controversia sobre cuándo se tuvo constancia de los campos de exterminio. En Estados Unidos, al menos Allen Dulles, entonces jefe la OSS destinado en Berna, Suiza, contaba con algunos testimonios que indicaban el asesinato masivo. En Gran Bretaña disponía asimismo de informes sobre las matanzas del Este y otras evidencias que apuntaban al asesinato planificado.

gencia británica había interceptado mensajes de la Wehrmacht sobre ellas gracias a su temprano conocimiento de
los códigos nazis con que se cifraban los mensajes. Sin
embargo, los alemanes dejaron de utilizar las comunicaciones por cable o radio sobre sus asesinatos poco después. Sobre la conferencia de Wannsee que pondría en
marcha la Solución Final y las cámaras de gas para aniqui-
lar a millares en apenas un día solo se conocería en detalle
después de la guerra. Había, sin embargo, testimonios
que habían logrado traspasar las puertas de los campos
con o sin sus testigos. En junio de 1942 un informe de una
organización clandestina en Polonia llegó hasta Londres.
Los periódicos publicaron la noticia y la BBC la emitió al
resto de Europa: 700.000 judíos exterminados en Polonia, en parte, gaseados. Ni los judíos palestinos ni los estadounidenses lo creyeron realmente, ni tampoco los oficiales británicos que lo difundieron.[91] Un mes después se
dispuso de una información más rigurosa: un empresario
alemán opositor a los nazis escuchó a oficiales hablar
abiertamente del asesinato en masa por medio del gas
Zyklon B. Los detalles y la fuente tenían más crédito y
acabó en la mesa de Gerhart Riegner, representante del
Congreso Mundial Judío en Ginebra. Riegner envió un
telegrama a la organización en Estados Unidos, pero su
superior hizo notar que había que tomarlo con las máxi-
mas reservas porque su exactitud no podía ser confirma-
da. Estados Unidos aún no había entrado en la guerra y,
carente de confirmación, el telegrama no se difundió.
Con todo, es más que probable que hacia 1944 los aliados
tuvieran ya sospechas fundadas de lo que ocurría.

91. Yehuda Bauer, *Rethinking the Holocaust*, Yale University
Press, New Haven, 2002.

A mediados de julio, Sanz Briz, un mes antes de enviar el definitivo informe de Auschwitz, había escrito a Madrid explicando los rumores que inundaban ya la capital sobre el terrible destino de los casi medio millón de deportados de las provincias. Estaban siendo gaseados a millares en Katowice —Polonia— de acuerdo a un sistemático plan de aniquilación. Sanz Briz hacía apenas un mes que se había quedado a cargo de la legación española y tenía en sus manos las primeras evidencias de lo que hoy se conoce por el Holocausto: «Me aseguran que ascienden a 500.000 el número de israelitas deportados. Sobre su destino corren los rumores más alarmantes. Uno de ellos que circula con insistencia hace creer que la mayor parte de las expediciones de judíos (a las que se procede en vagones de ganado colocando a 80 personas en cada uno de estos en verdadero hacinamiento) se dirigen a un campo de concentración situado en las inmediaciones de Katowice (a 35 kilómetros de Auschwitz), donde se les asesina por medio de gas y se utilizan sus cadáveres como materias grasas para determinadas industrias. Sin afirmar que semejante barbarie sea cierta consigno a V. E., el rumor por la insistencia con que en esta capital se ha propagado.»[92]

Durante meses, desde la llegada de los nazis en marzo, había sido testigo de la progresiva destrucción de Hungría desde dentro. La persecución de los judíos, el confinamiento en casas especiales, el saqueo de sus propiedades, la práctica marginación de la vida social. Muguiro había protestado enérgicamente por las disposiciones de László Endre, el subsecretario de Inte-

92. Informe de Sanz Briz al Ministerio de Asuntos Exteriores, 16 de julio de 1944, AGA. 82/5.247 Antiguo AMAE LR 1.716.

rior, y tanto él como Sanz Briz se habían volcado en la protección de los 500 niños con destino a Tánger que había puesto en marcha el War Refugee Board. El Ministerio de Asuntos Exteriores de España había concedido los visados y autorizado a su traslado a Tánger, pero no había forma de sacarlos de allí. Desde la legación española se ocuparon, junto a la Cruz Roja, de que al menos estuvieran a salvo de las deportaciones. Muguiro y Sanz Briz poco más podían hacer. Durante mayo y junio las deportaciones se habían producido en las provincias, no en la capital, donde no llegaba su pequeño radio de acción. La justificación oficial del presidente Sztójay era que se debían a traslados para campos de trabajo.

En Londres, un telegrama con carácter urgente del 1 de julio enviado desde Estocolmo y dirigido al War Cabinet, cuyo encabezado advertía «especialmente secreto y deberá ser retenido por el destinatario autorizado y no reenviado»,[93] informaba de las comunicaciones entre la legación de Suecia y el Gobierno. Los diplomáticos suecos denunciaban el «asesinato de judíos húngaros en cámaras de gas». La fuente británica en Estocolmo añadía que el rey de Suecia estaba tan horrorizado que poco después de leer el informe había telegrafiado inmediatamente al regente Miklós Horthy el día anterior, es decir, el 30 de junio.

Habían dudado antes de dar crédito a la versión de los dos refugiados. El jefe del Foreign Office para los refugiados de Guerra, A. W. G. Randall, preguntaba al departamento central sobre la veracidad de la historia:

93. Informe de la Embajada británica en Suecia, FO 371/4.281 National Archives, Kew, Reino Unido.

Sería muy útil si vuestros colegas pudieran ayudarnos a averiguar la verdad sobre la cascada de informes que estamos recibiendo sobre masacres de judíos, particularmente de los húngaros en Polonia, por ejemplo, en Birkenau. El Gobierno polaco, especialmente los miembros judíos del Comité Nacional, y por supuesto todas las organizaciones judías, hablan de cifras según las cuales unos 400.000 judíos húngaros habrían sido masacrados. Otras respetables organizaciones judías elevan la cifra de los judíos deliberadamente asesinados por los alemanes en Europa hasta unos 3.000.000. No he visto la confirmación de estas cifras por ninguna autoridad independiente, ya que tanto los polacos como los judíos tienen interés en pintar el cuadro de la forma más terrible. Creo que debería disponer de alguna confirmación.[94]

Frank Roberts, oficial del Foreign Office que acompañaría como asesor a Churhill en la crucial Conferencia de Yalta, le contestó que a pesar del «escepticismo inicial», él mismo estaba empezando a dar crédito a todos esos informes, los cuales «se sostienen con las declaraciones de los prisioneros de guerra alemanes». Que en Londres pudieran confirmar tan rápidamente las versiones del Protocolo de Auschwitz con los testimonios de los prisioneros capturados durante toda la guerra indica que habían escuchado ya las historias sobre los campos con anterioridad. O bien las habían ignorado, por considerarlas poco fiables, o las habían mantenido en secreto. Es más probable lo primero. El propio Randall había declarado en febrero de 1943 que el desastre judío era «solo

94. Foreign Office WR 321, National Archives Kew, Londres.

una parte del vasto problema humanitario de la Europa controlada por los nazis», que en otros lugares la población moría de inanición además de que se pervertía a la juventud y la infancia con los trabajos forzados. Sin duda, Randall tenía razón, pero resultó ser que el desastre judío era una parte muy grande de la catástrofe humana provocada por el nazismo.

Entre finales de junio y mediados de julio de 1944 ya no hubo más dudas ni interpretaciones sobre el tipo de evacuaciones, trabajos forzados, deportaciones y demás eufemismos que habían empleado los nazis durante dos años enteros y que habían consentido sus colaboradores y aliados en media Europa. La campaña de asesinatos masivos del Tercer Reich podía haber eludido la luz fuera de sus fronteras, pero dentro de sus círculos era una verdad incómoda. Las terribles revelaciones emergieron por fin entre diplomáticos como Sanz Briz y el nuncio apostólico, además de las embajadas de Suecia y Suiza, que dedicarían todos sus esfuerzos a impedir el aniquilamiento final del resto de judíos húngaros que aún malvivían en Budapest.

Mientras dirigentes como Horthy se aferraban al relato de los trabajos forzados, 395.000 personas habían sido llevadas directamente desde los vagones de los trenes a las cámaras de gas de Auschwitz, sin pasar siquiera por nada parecido a un campo de concentración o de trabajo. Sin apenas selección entre viejos y niños, mujeres y hombres, capaces o no capaces para llevar a cabo trabajos forzados. La mitad de la población judía de Hungría había sido aniquilada en menos de dos meses. Quedaban otros 200.000 en Budapest cuyo destino sería el mismo si nadie lo impedía. Solo podían hacer algo las representaciones neutrales de España, Suecia, Suiza, Portugal, Dinamarca y Turquía, además del nuncio apostólico del

Vaticano. Se encontraban ante una de las mayores crisis que probablemente haya tenido que afrontar nunca un cuerpo diplomático.

Las presiones del papa, el rey de Suecia y la condena unánime internacional hicieron mella en el regente, que detuvo las deportaciones la primera semana de julio. Sanz Briz escribió a Madrid dando cuenta de la movilización diplomática y volviendo a hacer hincapié en la desesperada situación de los judíos:

Los atropellos y crueldades de que vienen siendo víctimas los judíos residentes en este país han dado lugar a sendas intervenciones de los representantes del Santo Padre y del rey de Suecia aquí acreditados. El nuncio, que ya había protestado en repetidas ocasiones de los métodos violentos empleados contra los israelitas, dirigió últimamente en nombre de S. S. el Papa una enérgica comunicación a estas autoridades protestando en primer término de los atropellos que venían sufriendo un gran número de católicos de origen judío, y además de los procedimientos inhumanos empleados contra los judíos en general. También el rey de Suecia ha enviado últimamente un mensaje personal a S. A. el regente Horthy en el que le aconseja use de toda su influencia para evitar la persistencia de los malos tratos contra los judíos. Me consta que ambos mensajes han hecho gran mella en el ánimo del regente y que quizá sean ellos los que han decidido a Horthy a usar de toda su energía y prohibir terminantemente con toda su autoridad que vuelvan a producirse más deportaciones.[95]

95. Informe de Ángel Sanz Briz al Ministerio de Asuntos Exteriores, AGA 82/5.247. Antiguo AMAE LR 1.716.

La acción diplomática había detenido las deportaciones, es decir, los asesinatos masivos, aunque fuera muy tarde para casi medio millón. No se sabe qué habría pasado en caso de que las autoridades judías hubieran hecho público el informe de las cámaras de gas con mayor celeridad. Pero cuando el mundo conoció la mayor expresión del terror nazi el impulso asesino se detuvo.

Durante la reunión entre Horthy y Sanz Briz el 21 de julio, apenas unas semanas después de haber detenido las deportaciones, el regente intentó ganar un último asalto en su prestigio personal frente al diplomático español, pero para entonces ya se había deportado a casi medio millón de judíos: «Su Alteza me expresó su enérgica condena de los atropellos de que vienen siendo víctimas los individuos pertenecientes a esa raza. Me manifestó que gracias a su intervención personal había evitado que continuasen llevándose a efecto las deportaciones, y, por último, que había colocado bajo su directa protección a varios centenares de israelitas a los que consideraba como ciudadanos beneméritos por los servicios prestados al país, y entre los que se encuentran un gran número de médicos, profesores, etc.»[96]

No hacía falta que le explicase la situación de los judíos, ni los pasos que había tomado, cuando ya era tarde, para evitar las deportaciones. Habían sido precisamente los diplomáticos de los países neutrales, con Sanz Briz, el nuncio Angelo Rotta, Carl Lutz, de la Embajada suiza, e Ivan Danielsson, el ministro extranjero de la legación sueca, los que habían presionado internacionalmente para forzar al regente a detener las atrocidades.

96. Informe de Ángel Sanz Briz al Ministerio de Asuntos Exteriores, 20 de julio de 1944, AGA 82/3.955, Antiguo AMAE LR 1.180.

13

Sanz Briz reclama a los judíos de la legación

En agosto, Budapest vivió una pequeña calma. Aunque tarde, la misión de Vrba y Wretzler había encontrado su camino a través de los diplomáticos de los países neutrales. Adolf Eichmann se revolvió durante días en las oficinas del Hotel Majestic: Hungría seguía sin ser *Judenrein*. Por primera vez desde que llegara a mediados de marzo encontraba la resistencia suficiente como para impedir sus planes. Eichmann se afanó en revocar las órdenes del regente, pero no las escucharon ni siquiera en Berlín. El teniente coronel de las SS abandonó la ciudad a finales de agosto, aunque lamentablemente volvería dos meses más tarde. Antes de su partida, la voracidad de la Gestapo había alcanzado hasta los propios empleados de la legación española. El abogado Zoltán Farkas, el médico y dos mecánicos, todos ellos judíos, habían sido detenidos a pesar de formar parte de una representación diplomática. Sanz Briz se dedicó a su liberación inmediatamente. Entre los informes que enviaba a Madrid durante los frenéticos días de julio en los que los horrores de Auschwitz habían superado las peores pesadillas de las deportaciones nazis, pidió autorización a Madrid.

El día 15 recibió la confirmación por telegrama del ministro de Asuntos Exteriores, que le emplazaba para «emplear las gestiones que estime pertinentes».[97] La detención de los miembros de la legación violaba claramente las leyes internacionales, por mucho que pareciese un sinsentido. Las bienintencionadas normas de la Europa del Congreso de Viena de 1815 surgidas del desastre de las guerras napoleónicas arrojaban al menos la ilusión de un mundo civilizado incluso en las terribles horas de las masacres nazis. Serían precisamente la sosegada observancia de esas y otras normas, y no el apasionado arrojo, lo que permitiría a Sanz Briz desplegar hasta el límite las armas a su alcance. Farkas no era técnicamente empleado de la embajada por no disponer de sueldo oficial de la misma, tal y como le recordaría Gómez-Jordana. Con la aquiescencia del ministro de Exteriores y su mandato para realizar las gestiones necesarias obtenía el plácet para poder extender la interpretación más amplia de sus órdenes. Sanz Briz demostraba prudencia y cabeza fría, puesto que un paso en falso podía dar al traste con la posición que ostentaba tanto ante las autoridades húngaras y alemanas como ante las propias españolas. La liberación de los empleados de la embajada fue la primera de las muchas tareas delicadas que tendría que hacer frente en los siguientes meses.

La situación en la capital se había enrarecido tras la intervención de Horthy para detener las deportaciones. A finales del mes de junio, mientras internacionalmente se libraba la batalla contra las deportaciones, la legislación contra los judíos había continuado con paso firme. Im-

97. Telegrama de Gómez-Jordana de 15 de julio, AGA 82/0547 Exp 5.

pulsado por László Baky se tomaron medidas para segregar a la población tal y como informaría Sanz Briz:[98]

Excmo. Señor:

Muy Sr. Mío: Adjunto y como continuación informativa a mis despachos anteriores sobre este mismo asunto, tengo el honor de remitir a V. E. una relación de la legislación, extractada, antisemita promulgada por el Gobierno de este país en las últimas semanas.

Aunque en el transcurso de las mismas la actividad legislativa del nuevo Gabinete parece haber cejado un tanto, no por eso dejan de figurar en el primer plano de actualidad, al lado de las preocupaciones de la guerra y de los problemas de política interior, el problema judío en todos sus aspectos e incidencias.

Tampoco la prensa en general se expresa en el tono de estridencia y acritud que en principio usó contra la raza semita. Esta, por su parte, soporta con la resignación y pasividad que le son propias los vejámenes que en todos los órdenes de la vida le han sido impuestos por el nuevo Gobierno, convencidos sin duda los miembros de su comunidad que en el actual estado de cosas cualquier otra posición que adoptaran, si ello fuera posible, no había de hacer sino agravar aún más los males que le acarrea la insegura situación actual del país. Quizás influya en todo ello el que, por la actitud enérgica de S.A.S. el regente de Hungría, las deportaciones en masa de israelitas han cesado de unos días a esta parte. Cuéntase a este pro-

98. Despacho número 135, 15 de julio de 1944, AGA 82/5.247, Antiguo AMAE LR 1.716.

pósito que de los 800.000 judíos que vivían en este país han sido ya deportados a destinos desconocidos unos 500.000.

Sanz Briz detallaba cómo las autoridades habían impuesto una nueva serie de medidas que atenazarían la vida en la ciudad para los judíos. El gobierno húngaro había demorado la creación de un gueto en Budapest a diferencia de cómo se había procedido en las provincias y a la forma en la que se les había recluido en el resto de territorios ocupados. Fue un caso único en el transcurso del Holocausto. Se había decidido que, como forma de separar a las familias judías del resto, en vez de delimitar una zona de exclusión se designasen casas específicas para los judíos dispuestas por la ciudad, aunque concentradas fundamentalmente en una serie de barrios. La situación era insólita y las teorías en la ciudad sobre la decisión variaban. La más aceptada en el momento era que se debía a los bombardeos aliados. El propio Samu Stern dio pábulo a esta versión, que consistía en que para evitar que los bombardeos de los aliados pudieran concentrarse en el área que no fuera el gueto, se repartiría este de forma que no fuera identificable.[99] La lógica era que los aliados no sabrían en qué zona estarían recluidos, y tendrían que tirar sus bombas indiscriminadamente.

Las casas seleccionadas serían marcadas en la fachada con una estrella de David al igual que la que se llevaba cosida al pecho, tal y como explicaba Sanz Briz: «El alcalde de Budapest ha designado las casas que en adelante podrán ser habitadas por judíos obligados al uso de la

99. Tim Cole, *Holocaust City, The making of a Jewish Ghetto*, Routledge, Nueva York y Londres, 2003.

estrella-distintivo. Estas casas deberán ostentar en la puerta de entrada al edificio una estrella amarilla de 30 cm de diámetro sobre fondo negro de 31 por 51 cm.» Según el decreto, los judíos que habitasen en casas que hubiesen sido solo designadas para los cristianos tenían que abandonarlas en un plazo de cinco días, plazo en el cual tendrían que encontrar acomodo en otras casas que ya estuvieran habitadas y que hubieran sido designadas para tal fin. No hace falta decir que se promovía el hacinamiento: no se cambiaron apartamentos de forma equitativa, sino que se redujo considerablemente la capacidad de vivienda de los judíos que tenían derecho a «un aposento solamente, pero si este aposento se desplaza menos de 25 metros cuadrados y si la familia consta de más de cuatro personas, entonces tiene derecho a otro aposento más o, según, a medio complementario. Los médicos, ingenieros y otros, cuyas circunstancias profesionales exijan un mayor espacio, tienen derecho a un aposento aparte». De las 36.000 casas que el Ayuntamiento estimaba que había en el distrito IX se asignaron 2.681 para judíos, aunque en muchos casos las casas que se habían designado no eran útiles para la vivienda porque estaban ya ocupadas por el ejército húngaro o las fuerzas alemanas o incluso estaban en ruinas o abandonadas sin las suficientes garantías de habitabilidad. Se les permitía llevarse su mobiliario, pero disponían solo de un plazo de cinco días para mudarse de las casas designadas para cristianos, mientras que estos tenían tres meses. El establecimiento de las casas amarillas no reparó en detalles meticulosos para resolver el evidente caos y los problemas a los que daría lugar el traslado de 200.000 personas por la ciudad, pero la realidad es que no satisfizo a nadie. Como las competencias sobre cómo realojar a las familias recayó sobre el

Consejo Judío, existieron dudas sobre si había sido una idea urdida por ellos mismos, aunque según los testimonios de Freudiger y Stern, todo indica que el plan de Endre les fue presentado ya con esa forma y solo se les pidió que dieran una respuesta para implementarlo.

El hecho no pasó desapercibido entre la prensa, que acusó a los judíos de haber movido los hilos para conseguir los mejores edificios de apartamentos de la ciudad.[100] La realidad es que las familias cristianas a las que les había tocado la estrella amarilla protestaban para que fuera eliminada, y las judías cuyo edificio no la tenía, para que la pusieran: nadie quería abandonar su residencia. Aunque las casas se trazaron sobre lo que se consideraba la parte que incluía el histórico barrio judío, en ocasiones había tantas familias o más cristianas en esos edificios. El resultado fue que la política de las casas amarillas creó una miríada de pequeños guetos en cada bloque de apartamentos marcados con la estrella de David, en la que se reproducían en pequeña escala los problemas que causaban los de mayor tamaño: hacinamiento que generaba disputas debido a que muchas veces tenían que hacer turnos para dormir entre gente forzada a convivir junta. En apenas unos meses, en comparación, sería una privilegio, cuando las familias darían lo que fuera por entrar en algunas de las abarrotadas casas de las legaciones del llamado gueto internacional, una vez que se las recluyó definitivamente sin agua ni comida en el que había sido el histórico barrio judío.

La últimas líneas del informe de Sanz Briz sobre las casas amarillas terminaban con el último zarpazo de los decretos de junio:

100. Tim Cole, *Holocaust City, The making of a Jewish Ghetto*, Routledge, Nueva York y Londres, 2003.

La destrucción de obras de literatura escritas por judíos ha comenzado en los quemaderos al efecto. En los talleres de una fábrica de cartonajes, la destrucción de aquellas obras ha sido hecha en presencia del señor Kolozsvary, secretario de Estado, y de otras personalidades del Ministerio y de la prensa. Kolozsvary-Borza pronunció un breve discurso antes de entregar al fuego el primer volumen, que resultó ser un libro de poesías de József Kiss.[101]

No solo querían eliminarlos físicamente, sino también de la memoria.

101. Despacho número 135, 15 de julio de 1944, AGA 82/5.247, Antiguo AMAE LR 1.716.

14

La persecución en Budapest

El secretario de Interior, Baky, seguía sin estar satisfecho, y mientras Adolf Eichmann se esforzaba de nuevo por poner en marcha las deportaciones, el húngaro hizo llamar a los Cséndôr: una fuerza especial para mantener el orden que era temida por su dureza y eficacia. Una especie de cuerpo de antidisturbios. Eran en total unos 1.600 efectivos, comandados por el capitán Grassy, que había sido imputado como uno de los responsables de la matanza de Ujvidek.[102] Baky tejió un plan para que los Cséndôr llevaran a cabo una redada contra los judíos: hacer saltar una falsa alarma aérea en la ciudad que durase diez horas, durante las cuales, aprovechando la impunidad de las calles desiertas, les sacarían de sus casas para llevárselos. La brutalidad de este grupo policial se haría notar los días siguientes, tal y como dejaría constancia Chaim Shlomo, un refugiado polaco que había escapado del Este:

102. En 1942 el ejército húngaro llevó a cabo el asesinato de unos 3.000 serbios y judíos.

Durante un tiempo estuvimos oyendo continuos rumores de la inminente llegada de 600 hombres de la policía especial llamados Cséndôr y la gente especulaba sobre cuál era su cometido en la ciudad.

Había dudas sobre la verdadera función que desarrollaba el cuerpo esos días: una opinión extendida era que, debido a la estimación que gozaban por su capacidad para mantener la ley y el orden, habían sido encomendados a prevenir un posible golpe de Estado del Gobierno. Los judíos de Budapest eran los que más firmemente creían en esta teoría, porque les daba la coartada racional de que no venían para continuar con las deportaciones. Suárez manejaba la versión contraria: los Cséndôr no solo estaban para continuar la matanza, sino que, secretamente, amenazaban como una guardia personal de Baky y se temía que este pudiera utilizarla para dar un golpe de Estado. Chaim cayó en sus manos durante su despliegue por la ciudad:

Cada uno de nosotros fue llevado a una habitación diferente donde nos buscaron y robaron todas nuestras pertenencias, puesto que llevaba un traje elegante, esperando encontrar una buena suma de dinero, pero no llevaba nada. Como no tenía nada de valor me quitaron mis zapatos, que eran buenos, y me los cambiaron por unas zapatillas viejas y rotas. Primero me volvieron a registrar los bolsillos y prácticamente en el instante me pusieron la cara del revés; unos segundos más tarde estaba rodeado de Cséndôr que me trabajaron a conciencia, golpeándome una y otra vez en la cara. Había recibido palizas de los alemanes numerosas veces, pero reconozco que nunca me habían dado una como aquella. Esos monstruos eran expertos profesionales. Uno en particular tenía una habilidad especial cuando con los dos brazos a la vez tensando los bíceps y con los puños cerrados los lanzó a la vez sobre mi cabeza como un martillo hacia abajo. Solo de ese golpe salí dando vueltas en una espiral de agonía. Me sentía como si me hubieran abierto literalmente el cráneo. No había tiempo para recuperarse. Seguidamente me siguieron lloviendo furiosos y rápidos puñetazos en mi cara, mis ojos y mi estómago. Me tambaleé en *shock* cegado por la sangre que brotaba de todas partes. Mi cara se había reducido a una masa informe. Pero ellos continuaron golpeándome. Finalmente hicieron una pausa, me sostuvieron por un momento para limpiarme la sangre y pensé que al menos había terminado. Era solo una pausa para el segundo *round*. Acabaron con mis fuerzas y mis piernas dejaron de sostenerme. Me pusieron de pie de nuevo y sujetándome volvieron a la carga con nuevos puñetazos. Cuando me escurrí por segunda vez al suelo ya no me levantaron. Me patearon con sus pesadas botas [...]. Al final me resigné a que me mataran pronto.[103]

Resultaría que algunos miembros de la policía desconfiaron de Baky, por si acaso se le ocurría forzar un golpe de Estado. El regente fue informado por el jefe de la policía, Peter Heim, al que el propio Horthy le consideraba un traidor. Este había consultado con los alemanes, que le dijeron que no autorizaban tal movimiento subversivo. «Las SS y la Gestapo no tenían instrucciones

103. Chaim Shlomo Friedman, *Dare to survive*.

con respecto al caso, y además se esperaba una visita secreta del propio Himmler, circunstancia contraria a los deseos de Baky de armar conflictos. El día 5 los gendarmes rodearon la ciudad, instalados en carros de combate tipo "Ansaldo" que él les había facilitado, cuando el Gobierno, temeroso, hizo venir nada menos que dos divisiones del ejército de la vecina localidad de Kecskeméti, que les rodearon, emplazando artillería y ametralladoras.»[104]

El 26 de agosto, Sanz Briz telegrafió a Madrid indicando que las gestiones que había realizado con el Gobierno húngaro para el traslado a Tánger de 500 niños israelitas habían sido aceptadas.[105] Había logrado del moribundo Gobierno Sztójay que se permitiera su salida. El plan para su evacuación no había partido de la legación española en Budapest, sino de la Comunidad Judía de Tánger, que había interpelado al alto comisario de Marruecos español, Luis Orgaz. Se habían ofrecido a correr con los gastos de traslado y su manutención en tierra marroquí: solo necesitaban que España concediera visados de entrada. Orgaz, que se mostró favorable a la operación, comunicó la oferta a Madrid, que le dio el visto bueno. Se trasladó la petición en mayo al entonces embajador Miguel Ángel Muguiro, que comenzó las primeras negociaciones. Todos los intentos, primero de Muguiro y después de Sanz Briz, a pesar del optimista telegrama de agosto, resultarían ser una pesadilla.

Cualquier persona que quisiera abandonar un país bajo la ocupación del Tercer Reich necesitaba, primero,

104. Eugenio Suárez, *Corresponsal en Budapest (1946)*, Fundación Mapfre, Madrid, 2007.
105. Telegrama de Ángel Sanz Briz, Budapest, 21 h del 28 de agosto de 1944, AGA 82/5.246.

un visado de salida de las autoridades del país en cuestión, cuando no directamente de las alemanas, especialmente en el caso de los judíos, y segundo, un visado de entrada al país de destino. Conseguir un permiso de salida de los nazis era ya una odisea, pero asegurarse uno de entrada resultaba extremadamente difícil también. En el caso de los niños, refugiados eslovacos, había acuerdo por todas las partes implicadas desde agosto. España aceptó conceder el visado para el Protectorado de Marruecos (entrada) y Sanz Briz obtuvo el visto bueno de las autoridades húngaras, bajo supervisión alemana (salida). Pero la última voluntad la tenían siempre los nazis. A pesar de contar con el permiso para sacar a los niños judíos, se demoró su evacuación por decisión de los alemanes. Quedaron bajo protección española y de la Cruz Roja, en Budapest, tal y como informó Sanz Briz, que se haría cargo de su protección hasta que pudieran abandonar la capital.

El caso de Tánger fue una excepción porque estaba circunscrito al Protectorado y no a la Península. España no concedería visados de entrada a ningún judío fuera sefardí o no. El Gobierno aceptaba a todos los refugiados que cruzaban la frontera de los Pirineos ya fueran soldados aliados, franceses, e incluso apátridas.[106] Entre ellos, había cientos de judíos que, entre 1942 y 1944, llegarían a ser unos 7.500. Pero no podían quedarse. Todos ellos pasaban a considerarse personas en tránsito hacia otro país. La policía les tomaba los datos para tenerlos identificados e inmediatamente después recalaban en un campo de refugiados situado en Miranda de Ebro, que servía como centro de acogida temporal. Una vez allí,

106. Antes de 1942 España no había firmado los acuerdos con los aliados sobre los refugiados, pero no persiguió a los judíos.

podían esperar o bien que los consulados de sus países se hicieran cargo de ellos, o si eran apátridas, a que las organizaciones benéficas judías les buscaran un destino.[107]

A partir de noviembre de 1942 y hasta la liberación de Francia en agosto de 1944, España dio asilo a todos los refugiados que llegaban ilegalmente. El campo de Miranda de Ebro se convirtió, de hecho, en una especie de punto de tránsito y selección. Una vez recibidas las garantías necesarias de los cónsules se permitía salir a muchos refugiados. Permanecer en el campo no era agradable, las condiciones eran duras porque faltaba comida y agua y se propagaron las enfermedades. Los que salían del campo para ir a los pueblos o a las ciudades se arriesgaban a un arresto, pero esto era un alivio, casi un permiso de recreo en comparación.[108] El peor problema, sin embargo, de los campos era el de los gastos. Sufragarlo era caro y ahogaba las cuentas de los consulados hasta que la Joint Distribution Committee —una organización humanitaria judía de Estados Unidos— se hizo cargo. Todo ello, unido a la política gubernamental, convertía la evacuación en la única salida al círculo vicioso, ya que España concedía permiso de salida a todos, sin distinción. En el caso de preguntas incómodas por parte de las autoridades alemanas, las autoridades franquistas explicaban que eran refugiados belgas u holandeses y que estaban de camino a Portugal, Surinam... el Congo Belga... En Miranda hubo también incidentes antisemitas entre franceses y polacos con los judíos de su mismo país. Además, los apátridas creaban un problema con las nacionalidades falsas, por lo que hacia 1942 se promovió la crea-

107. Haim Avni, *España, Franco y los judíos*, Altalena Editores, Madrid, 1982.
108. *Ibidem.*

ción de un organismo oficial aprobado por España para hacerse cargo de la situación. La responsabilidad le fue encomendada a David Blickenstaff, bajo los auspicios de la embajada de Estados Unidos. Las actividades las financiaban las organizaciones de socorro de Estados Unidos, especialmente la JDC. Blickenstaff quedó como una suerte de cónsul general en un cuarto de la Embajada de Estados Unidos.

Pero el problema seguía siendo el destino final de estos refugiados apátridas. La Agencia Judía de Palestina prometió conseguir en Londres los permisos para que pudieran emigrar allí, pero esto no resultaría tan sencillo, como era de esperar, por parte del Gobierno británico. Lo más habitual era una interminable cadena de pasos intermedios y negociaciones que convertían cada caso en una auténtica epopeya burocrática. No existía ningún organismo internacional, aparte de la Cruz Roja, cuyo cometido no era, sin embargo, el de facilitar la evacuación y garantizar los traslados. En la mayoría de los casos eran las organizaciones benéficas judías de Palestina, Estados Unidos y otros —como la de Tánger— quienes ponían en marcha el asilo. Para ello, tenían que correr con todos los gastos del transporte, ya fueran barcos o trenes, e intermediar entre alguno de los países neutrales que tuvieran representación diplomática y los países de destino.

15

España y los judíos

Samuel Hoare era ya un viejo político de raza cuando Winston Churchill le envió de embajador a Madrid para lidiar con la España germanófila de Franco. Había sido ministro del Aire en el Gobierno en 1940 y estaba experimentado en el arte de la diplomacia, que aplicó entre dosis de firmeza y aprobación, pero nunca con el halago. Hoare no era el prototipo de diplomático de oficio, sino el de pitbull del congreso u hombre fuerte del Gobierno. Carecía de la simpatía y franqueza del joven Sanz Briz, hasta el punto de probar el desdén de la nueva élite franquista, pero sabía del incomparable poder del soborno. Era parte del oficio, pero mientras el español compraría a las autoridades húngaras dejando al margen de sus tejemanejes al Gobierno, para arañar más vidas de judíos,[109] Hoare había desplegado los billetes de acuerdo con Londres. Además, Sanz Briz envolvió sus pengos[110] bajo un manto de honorabilidad, al ofrecerlos, según su conciencia humanitaria, como ayuda a las víctimas húngaras de

109. Ver capítulo 23: «Las casas españolas».
110. La moneda local húngara.

la destrucción causada por el avance del Ejército Rojo, se utilizasen o no a tal fin. Hoare lo hizo sin más miramientos que el puro y simple cohecho. Le interesaba comprar a los militares de Franco, y pagaba bien por ello,[111] con el objetivo de ganar influencia en el estamento que dirigía el país, a cambio de que estos hicieran valer en El Pardo sus simpatías con los aliados. Cuando en septiembre de 1942 Franco despachó a Ramón Serrano Suñer, el cuñadísimo que había abrazado la parafernalia nazi en los dos primeros años de la guerra, el británico tuvo un respiro. Más que eso, Suñer había sido defenestrado del ministerio de Asuntos Exteriores y Hoare escribió en términos tan elogiosos sobre el nuevo ministro, Francisco Gómez-Jordana, que su entusiasmo le hacía irreconocible: «parecía como si la providencia había querido que ese hombre hubiera venido a ocupar ese puesto a su debido tiempo. Con Jordana al frente de Exteriores parecía estar asegurada la neutralidad y si un día llegara a ser relevado de su cargo, ello debería ser considerado como una señal que anunciaba un peligro inminente.»[112] Pronto la euforia del británico daría paso a la resaca. Carlton Hayes, su colega de la Embajada de Estados Unidos, dejaría un mejor retrato del aristócrata: «Jordana, más que aliadófilo, es fundamentalmente proespañol»,[113] lo que consideraba en sí como un gran cambio frente a la anterior orientación progermana del Gobierno. La realidad demostró que aunque Franco anticipaba ya el desembarco

111. Carlos Collado Seidel, *El telegrama que salvó a Franco*.

112. *Ibidem*.

113. Carta de Carlton Hayes a Franklin D. Roosevelt. President's Secretary's File, Franklin D. Roosevelt, Diplomatic Correspondence, Spain 1940-1945, National Archives, Estados Unidos.

de los aliados en el norte de África y el progresivo deterioro de la situación en el frente para Alemania, Jordana iba a servir a los intereses del régimen, que no los dictaba nadie más que el propio Franco.

Dos años después de las entusiastas palabras con las que recibió al ministro de Exteriores, el embajador británico le escribía indignado, con su recuperada forma habitual, ante las injerencias que el ministro estaba tomando sobre la resolución del problema de los refugiados judíos en la Península. Para entonces, España había mostrado ya a los aliados mucho más que los simples deseos de colaborar con el socorro de los judíos perseguidos, y, aun así, los encontronazos eran continuos. Para muestra, el caso del buque portugués *Nyassa*. La agencia Jewish Telegraphic Agency informaba en febrero de 1943 de la siguiente noticia:

Después de ocho días en alta mar, el carguero portugués *Nyassa* llegó a Haifa ayer por la tarde con 742 refugiados provenientes de Europa. Es el primer transporte con refugiados judíos en alcanzar Palestina vía el Mediterráneo desde 1940. Representantes de la Agencia Judía de Palestina y otras asociaciones los recibieron en el muelle, donde fueron asistidos para su desembarco y las formalidades correspondientes. Muchos de ellos fueron llevados a un distrito de la ciudad temporalmente mientras que otros se reunieron inmediatamente con sus familiares y amigos de quienes se habían separado durante varios años después de haberse fugado a Portugal y España escapando de la persecución nazi en diferentes países europeos. El *Nyassa* partió de Lisboa el 23 de enero con 172 pasajeros y poco después hizo escala en Cádiz,

España, donde subieron a bordo 570 más. La mayoría de ellos eran apátridas [...]. El barco había sido fletado por la Joint Distribution Committee y fue comandado por David J. Schweitzer, representante especial europeo del Hias-Ica Emigration Action.[114]

Mas de 700 refugiados procedentes de Europa habían conseguido entrar en el Protectorado británico después de cuatro largos años sin avistar ningún buque en el Mediterráneo. Lo que no explicaba la nota de prensa de la JTA, a pesar de entrar en algunos detalles, era la crucial participación del ministro de Asuntos Exteriores de España, Gómez-Jordana, el embajador británico Samuel Hoare y el representante en Madrid de la JDC, David Blickenstaff. Aparte del número de refugiados y de la buena noticia por la que se congratulaban los diarios judíos de Palestina, había tres detalles destacables en la nota que ilustran la situación a principios de 1944: era el primer barco en llegar con refugiados judíos desde 1940, lo que denotaba la extrema dificultad en lograr los transportes de refugiados; había recogido en España a más de dos tercios de su pasaje total, que indicaba la colaboración de las autoridades españolas, y, por último, casi su totalidad lo integraban apátridas.

Las dificultades del *Nyassa* no estribaban solo en las condiciones del conflicto bélico, sino en las arduas negociaciones que exigían a menudo poner de acuerdo las políticas de inmigración y asilo de varios países, con la organización y financiación de las agencias judías. El *Nyassa*, de hecho, se había retrasado por una disputa entre Gómez-Jordana y Samuel Hoare. El representante de Londres había acusado en una carta al ministro español de demorar la

114. Teletipo de la Jewish Telegraphic Agency, febrero de 1944.

partida del barco portugués de Cádiz; Gómez-Jordana les reprochaba a él y a David Blickenstaff, el responsable de la JDC judía, de no haber gestionado visados para los sefardíes españoles, y el último se quejaba de las dificultades que ponía Londres para obtener los visados de entrada en Palestina, el único territorio que, bajo los auspicios de los sionistas de David Ben-Gurión, estaba dispuesto a acoger a todos los refugiados, apátridas o no, aunque dependía de que el Gobierno de su majestad diese el visto bueno. El caso del *Nyassa* ilustraba con bastante claridad la pesadilla burocrática que se necesitaba para garantizar un asilo a los judíos que habían escapado de la persecución y de los campos nazis y especialmente la política franquista y británica sobre el problema de los refugiados. El 11 de enero de 1944, Hoare se dirigía en términos poco amigables hacia el español sobre la emigración a Palestina de judíos procedentes de Francia y otros países que habían llegado a España durante los últimos tres años: «como poder mandatorio del territorio (Palestina) al cual van destinados estos emigrantes, el Gobierno de su majestad tiene un interés directo en el asunto».[115] Aunque expresaba gran satisfacción por las negociaciones para fletar el barco portugués *Nyassa* con 550 refugiados en España, según había sido informado por el representante de las Organizaciones de Socorro Americanas en Madrid, [Blickenstaff] se quejaba de que el Gobierno español no diera facilidades para su embarque en Cádiz el 20 de enero:

Según tengo entendido ha informado al señor Blickenstaff que no se darán facilidades para que

115. Carta de Samuel Hoare a Francisco Gómez-Jordana, AGA 82/5.247.

puedan embarcar estas personas si el barco no lleva al mismo tiempo a un número de judíos sefardíes que están en camino de Alemania para España. Fácilmente comprenderá V. E. que es imposible que el Gobierno de su majestad pueda aceptar sin el examen debido la admisión en Palestina de un número de personas que aún no han llegado a España y que las formalidades para su entrada en Palestina (que de por sí es problemática en vista que el número ya escogido completará el contingente convenido para refugiados de España) no pueden de ninguna manera ser terminadas a tiempo para el embarque el 20 de enero.

Sea como fuere, el Gobierno de su majestad, aunque aprecia infinitamente los motivos humanitarios que han movido al Gobierno español para conseguir la salida de estos judíos de habla española de la Europa ocupada, no puede ser considerado como responsable de su colocación y creo que estará de acuerdo conmigo que es totalmente inaceptable, que este evento separado, introducido a última hora, pueda retrasar un propósito proyectado y elaborado con todo cuidado por el Gobierno de su majestad y el Gobierno de Estados Unidos.

Al apelar a V. E. personalmente confío que, como colocación en el extranjero de estos refugiados judíos que han estado en España muchos meses, es una cuestión humanitaria tanto de interés para el Gobierno español como para el de Inglaterra y Estados Unidos.

Las presiones de Hoare ahondaban en las preocupaciones de Gran Bretaña sobre la entrada de judíos en Palestina, porque los que reclamaba Jordana eran sefardíes, que tenían el derecho de quedarse y que el Gobierno de

Franco les negaba. El ministro quería que salieran todos, incluyendo los que podían acreditar ser españoles, como le explicaría al embajador británico:

Tengo más autoridad para expresarle la actitud con la que he visto al señor Blickenstaff y que no nos haya dado a este respecto facilidades que más que nadie parecía indicado a dar. Él prometió anteriormente hacerse cargo de los sefardíes españoles que vinieran a nuestro país, no solo cubriendo sus gastos, sino haciendo todo lo posible para obtener los visados que necesitaban para trasladarse a los puntos de destino. Sin embargo, una vez que los hubimos hecho venir a España, fiados en esta garantía, dicho señor eludió cumplir lo convenido con vagas manifestaciones y a pesar de que en los primeros momentos se trataba de un reducido grupo de 73 personas, él manifestó la imposibilidad de ocuparse de que continuaran su viaje no solo los 73, pero ni uno solo de ellos siquiera. Comprenderá Ud. que tales afirmaciones en contradicción con las que no había hecho anteriormente no son las más adecuadas para darle a nuestros ojos un prestigio que creíamos poder concederle por la representación que ostenta.

De la misma manera, ahora se le ha planteado el asunto de la posible venida de 50 sefarditas más procedentes de un campo de concentración de Alemania, y de cuya salida nos hemos preocupado con todo interés.[116] Con bastante anticipación se le preguntó si podría encargarse de embarcarlos en el

116. Se trataba de sefardíes de Salónica a los que no se había reclamado cuando fueron deportados.

Nyassa contestando afirmativamente, pero a medida que ha ido pasando el tiempo, lo mismo que la vez anterior, ha ido mostrándose menos afirmativo en sus promesas. Esto ha hecho que yo personalmente diera orden de manifestarle que nosotros no estamos dispuestos a interesarnos por los asuntos que él plantea en la medida que lo haríamos si viéramos en él un espíritu de colaboración que hasta ahora no ha probado. Esta es la única y verdadera situación. Estime que probablemente no le han explicado a Ud. todos estos aspectos de la cuestión y especialmente la promesa de embarcar en el *Nyassa* al grupo de 50 sefarditas que van a venir uno de estos días a España, promesa cuyo cumplimiento tengo derecho a insistir en la esperanza de que se resuelva favorablemente, pues no parece difícil, con un criterio humanitario, aceptar sin excesivas exigencias administrativas y el dar facilidades de carácter extraordinario a quienes por haberse visto en situación tan difícil y haber sido llevados a campos de concentración no podrán exhibir probablemente una documentación completa. Pero debo hacerle presente que a este respecto he sido yo el que he empezado a tener un criterio humanitario y tolerante, pues teniendo en cuenta dichas circunstancias, he aceptado el que se les considere españoles y bajo la representación de nuestros representantes diplomáticos, sin exigirles la documentación, que evidentemente no pueden aportar en los momentos actuales. No me parece mucho pedir que esa embajada por un lado, y el señor Blickenstaff por otro, acepten un criterio igualmente amplio y renuncien a la exigencia de un minucioso examen del caso de cada uno de estos cincuenta sefarditas, aceptándoles sin más dificultades como pasajeros del *Nyassa*.[117]

Gómez-Jordana reclamaba el mérito de haber aceptado a los sefardíes con una amplia generosidad, dadas las circunstancias de la guerra, pero no escondía el hecho de que a pesar de haberles considerado españoles, sin necesidad de aportar documentación precisa, no les iba a conceder en ningún caso el asilo. Tampoco explicaba que, en realidad, había ignorado durante meses los requerimientos de su personal diplomático en los países ocupados por el Tercer Reich, precisamente para repatriar a los sefardíes. Lo que demandaba era que Gran Bretaña aceptara a los «sefardíes españoles» en los escasos cupos que esta entregaba para entrar en Palestina. Además, España proporcionaba el visado en tránsito, es decir, de camino a otro país, y no corría con ningún gasto, al igual que Gran Bretaña, ya que eran las organizaciones judías que representaba David Blickenstaff las que financiaban toda la operación. El agrio intercambio con Hoare estaba destinado a poner en evidencia también a Gran Bretaña, puesto que era esta la que ponía dificultades para que los refugiados pudieran salir. La actitud de Hoare era también propia de la estricta política de los británicos en torno a su protectorado:

Estoy seguro que V. E. se dará cuenta de que en condiciones de guerra las autoridades británicas no puedan permitir la entrada de emigrantes en territorio bajo su mando sin el previo y más minucioso exa-

117. Carta de Francisco Gómez-Jordana al embajador Samuel Hoare, 14 de enero de 1944, AGA 82/5.247.

men de cada caso y que estos 50 casos habrán de ser sometidos a la tramitación de rigor.

Una de las razones que esgrimiría Gran Bretaña tanto durante, como después de la guerra, fue que si los judíos encontraban refugio en Palestina, los árabes podrían haberse pasado a las fuerzas del Eje provocando que los británicos perdieran el control de Oriente Próximo. La explicación, que podía ser sincera durante la guerra, no dejaba de ser una interpretación a corto plazo, cuando el problema de los asentamientos y el nacionalismo árabe tenía más sentido si se entendía como un problema que podría crear complicaciones en el futuro,[118] como de hecho ocurrió. Otra forma de verlo era que Gran Bretaña no quería perder el control de su imperio terminada la guerra. A pesar de los acuerdos que se habían firmado sobre el asentamiento de Palestina, Londres los suspendió, cerrando una vía a los refugiados, que solo comenzaría a ceder en 1944. Antes se habían producido episodios dramáticos, como el del célebre carguero *Strumma*, que transportaba judíos refugiados a Palestina cuando se vio detenido en Turquía debido a que Gran Bretaña no concedió los visados para la entrada en el protectorado. El barco, que necesitaba repostar, no recibió el permiso de las autoridades turcas para entrar en puerto, ya que temía que el pasaje se quedase en su territorio por no poder continuar su viaje. El resultado fue que durante varios agónicos días en los que desesperadamente se hicieron gestiones entre Turquía y Gran Bretaña para dirimir si podían desembarcar o continuar

118. Yehuda Bauer, *Rethinking the Holocaust,* Yale University Press, New Haven, 2002.

hasta su destino, el pasaje quedó abandonado a su suerte. Cuando todas las negociaciones fracasaron, las autoridades turcas remolcaron fuera del puerto a la embarcación, que quedó sin provisiones ni combustible a la deriva, hasta que una explosión la hundió en el fondo del mar con los más de 700 refugiados a bordo.[119]

Gran Bretaña mantuvo una política obstruccionista, poco dispuesta a aceptar refugiados, tanto en su territorio como en Palestina y otros lugares de la Commonwealth, al igual que Estados Unidos, cuyas trabas a la inmigración fueron también numerosas.[120] No fueron los únicos, incluso ya en 1944, cuando el War Refugee Board creado por Roosevelt dedicó esfuerzos y contó con una mayor cooperación de los países neutrales para el asilo, los problemas persistieron.

Cretzianu se ha referido a la caótica situación de Rumanía en cuanto a los refugiados en tránsito, el alojamiento y la comida, y afirmó que un súbito influjo de población extranjera en el país podría crear un considerable problema que no se resolvería de la noche a la mañana. Le aseguré que desde mi punto de vista la Cruz Roja Internacional sería capaz de tomar las medidas necesarias incluyendo fondos destinados a tal efecto, que pareció tranquilizar a Cretzianu. También le informé de que el Gobierno búlgaro había

119. Durante años el hundimiento del *Strumma* estuvo envuelto en todo tipo de cábalas y teorías hasta que una investigación apuntó a que fue hundido por un torpedo de un submarino soviético.

120. José Antonio Lisbona, *Retorno a Sefarad. La política de España hacia sus judíos en el siglo XX*, Riopiedras Ediciones, Barcelona, 1993.

accedido a permitir la entrada desde Rumanía y que estaba dando los pasos necesarios para facilitar el tránsito a dichos refugiados hacia Turquía.[121]

Rumanía, al igual que España, acogía a todos los refugiados judíos que llegaban por sus fronteras, la única vía de salida de los judíos húngaros, pero presentaba también dificultades para acogerles: era una vía de salida, pero no de entrada. Lo paradójico en el caso español fue que los apátridas tuvieron durante gran parte de la guerra mayores posibilidades que los judíos que podían demostrar un pasado español, por remoto que fuera. Gómez-Jordana había insistido a Hoare durante su rifirrafe de febrero, en que los sefardíes españoles que esperaba que llegaran de los campos de Alemania tenían que subir al *Nyassa* camino de Palestina. Tenían que entrar en España para marcharse. Incluso los niños húngaros que debían llegar a Tánger y que de momento protegía Sanz Briz y la Cruz Roja en Budapest tenían más posibilidades.

121. Carta de Ira Hirschman a John Pehle, 7 de agosto de 1944, War Refugee Board, Franklin D. Roosevelt Library, National Archives, Estados Unidos.

16

Sefardíes españoles, carecer de patria

El célebre decreto de 1924 de Primo de Rivera promulgado durante el reinado de Alfonso XIII permitió a los judíos de origen sefardí, esto es, los que habían sido expulsados de la Península por el edicto de los Reyes Católicos de 1492, regularizar su situación como españoles. La comunidad sefardí era escasa y estaba diseminada por diversos lugares, pero una proporción considerable había mantenido algunos vínculos con su pasado de hacía 500 años. Conservaban la lengua, el judeoespañol o ladino, un dialecto del castellano antiguo, y algunas costumbres. Sanz Briz descubriría que apenas existían sefardíes en Hungría, pero no era el caso de Grecia, Rumanía o Bulgaria, donde muchos de ellos, al comenzar las deportaciones e incluso antes, se presentaron en las embajadas y consulados reclamando su ancestral derecho, reconocido por el decreto de 1924.

La política de España respecto a los refugiados judíos había dado un vuelco desde finales de 1943. Coincidía con el paulatino distanciamiento de Berlín y su condición de neutralidad que había modificado el anterior estatus de no beligerante. Entre verano de 1942 y otoño de 1944 España acogió a un número de 7.500 aproximadamente[122] que habían llegado cruzando los Pirineos. La política del régimen no era la de acogerlos definitivamente en territorio español, pero no era una frontera cerrada. No eran devueltos a las autoridades alemanas salvo algunos casos excepcionales. Muchos judíos habían escapado del nazismo por esta vía, siempre en tránsito por el territorio español, que no facilitó su permanencia. La mayoría de ellos, que provenían de Francia, fueron instalados de forma provisional en el campo de Miranda de Ebro, en donde esperaban que algún país sellara su visado de entrada. Otros muchos eran apátridas. Mientras tanto, hasta 1943, España no haría ningún esfuerzo por repatriar a ninguno de los judíos sefardíes que podían demostrar su nacionalidad española.

Los sefardíes en países extranjeros corrieron peor suerte que los apátridas, aunque en principio pareciera lo contrario. Ni siquiera había que hacer gestiones diplomáticas complejas: la oficina de la RSHA de Eichmann, que se encargaría de la Solución Final, no puso trabas a que España los reclamara. Como súbditos españoles tenían derecho a un visado de entrada, no de tránsito, en el caso de haber regularizado su situación de acuerdo al decreto de Primo de Rivera. Pero la diferencia es que a ellos había que repatriarlos, puesto que aunque no hubieran visto España en toda su vida, como sabían perfectamente los nazis,[123] podían considerarse ciudadanos españoles en algunos casos.

122. Haim Avni, *España, Franco y los judíos*, Altalena Editores, Madrid, 1982.
123. Bernd Rother, *Franco y el Holocausto*, Marcial Pons, Madrid, 2005.

Salónica, Grecia, era el lugar donde la comunidad sefardí era más numerosa. El embajador español en Atenas, Sebastián Romero Radigales, se volcó en la regularización de los judíos españoles para que pudieran abandonar el país antes de que fueran deportados a los campos de concentración, pero en Madrid no estaban por la labor. Radigales había estimado en 515 los sefardíes de Salónica y en 156 los de Atenas, y contaba con una ventaja, en principio, que no tenía Sanz Briz: todos eran realmente sefardíes y podían acogerse al decreto de Primo de Rivera, aunque no todos hubieran regularizado a tiempo su situación, según estableció el decreto. Además, ni siquiera las autoridades alemanas ponían problema, siempre y cuando España se hiciera cargo de la repatriación, con todos los gastos, y los acogiera en España.

El Reich había dado un plazo para que los países extranjeros reclamaran a los judíos de su nacionalidad en las zonas ocupadas, como era Grecia, pasado el cual serían enviados a los campos y ya no habría posibilidad. Radigales estaba en tiempo y solicitó a Madrid una interpretación amplia del decreto de Primo de Rivera para poder incluir pasaportes colectivos. La respuesta fue negativa. Gómez-Jordana especificaba que, en ningún caso, España iba a repatriar sefardíes en masa, sino casos concretos y que aportaran toda la documentación. Radigales no se dio por vencido e inició nuevas gestiones para repatriarlos por su cuenta y riesgo. Su actitud fue reprobada por el ministro Gómez-Jordana, que telegrafió al embajador español en Berlín, Ginés Vidal:

En mis telegramas 317 y 326 relacionados con problema sefarditas Salónica se ordenaba a cónsul general Atenas mantenerse en actitud pasiva y no expedir pasaporte colectivo. Sírvase V. E. leer personalmente dichos telegramas en los que claramente se deja entender criterio de este Gobierno respecto dicho problema y seguramente no se escapará a su perspicacia razones e intención que motivaban dichas instrucciones. Es indispensable neutralizar exceso celo Cónsul general Atenas, paralizando este asunto (que podría crear en España serias dificultades) alegando lo que se dice en telegramas citados y en general reduciendo al mínimo cifras de visados con dificultades a que dan ocasión instrucciones generales.[124]

La realidad era que Franco no quería, bajo ningún concepto, que los judíos pudieran asentarse en España. Permitía que los refugiados pasaran a través de los Pirineos, que posteriormente eran recluidos en el campo de Miranda de Ebro, pero se trataba de ciudadanos que no tenían origen español. La cuestión de los sefardíes era distinta, en el caso de que España intercediese por ellos ante las autoridades alemanas no habría ningún motivo por el cual no debieran acogerlos, ya que eran españoles a todos los efectos.

En el caso de una repatriación, puesto que no intervenían terceros países —eran súbditos de España—, el régimen tenía que correr además con los gastos del viaje y conceder un visado de entrada. Ninguna de las dos

124. Telegrama del Ministro de Exteriores Gómez-Jordana al embajador español en Berlín del 1 de julio de 1943. Citado en Alejandro Baer, *Visados para la libertad. Diplomáticos españoles ante el Holocausto*, Catálogo de la exposición. Ministerio de Asuntos Exteriores.

premisas fue considerada por las autoridades franquistas. Esta era la razón por la cual Romero Radigales observaba impotente cómo cientos de sefardíes eran deportados por los alemanes. En Madrid, pidieron al cónsul en Grecia que enviara caso por caso y con toda la documentación de los solicitantes, y nunca en forma de pasaporte colectivo, que hubiera agilizado las gestiones. Entretanto, pidió que se ampliara el plazo, que vencía el 13 de junio de 1943. Después de muchos intentos con la legación alemana para que aceptaran demorar la propuesta, puesto que iba a ser imposible que se entregara la documentación a tiempo, el cónsul de Atenas supo que en España habían cambiado de opinión respecto a la repatriación de los sefardíes. Radigales hizo lo que pudo para protegerlos en Salónica de la deportación y planteó que fueran enviados al menos a Atenas, que estaba ocupada por los italianos,[125] pero las facilidades del Reich no iban más allá de la cortesía diplomática: solo podían ser repatriados a su lugar de origen.

En Alemania sabían perfectamente que los judíos sefardíes no habían visto en su vida España, pero les era indiferente, aplicaban su política de repatriación de judíos extranjeros incluso relajando los plazos, pero no facilitarían ninguna otra forma mientras España no se comprometiera. Paradójicamente, los judíos con antepasados españoles y que en virtud del decreto eran súbditos de la nación, tenían menos posibilidades que los apátridas. El último plazo que dictó Alemania para la repatriación fue mediados de agosto, pero como no tenían una respuesta clara de España, decidieron el 26 de julio

125. Bernd Rother, *Franco y el Holocausto*, Marcial Pons, Madrid, 2005.

trasladar a los sefardíes a un campo que no era de exterminio: Bergen-Belsen. Como resultado, poco después fueron detenidos 367 sefardíes y trasladados al gueto, previo a su internamiento en el campo.

La detención de los sefardíes y su internamiento cambió la política en Madrid, que consideró la opción de aplicarles a los sefardíes las mismas condiciones que a los otros refugiados: que solo entrasen en tránsito hacia otros países y no para quedarse. De esta forma, se gestionó con Alemania la liberación de los judíos de Bergen-Belsen, que se hizo en grupos de unos 150. Sin embargo, debido a las complicaciones de la guerra y los transportes, muchos de ellos no pudieron ser repatriados y pasaron el resto de la guerra internados.

El cálculo político de Franco jugó sin duda la mayor baza para que comenzara las acciones de protección y salvamento de judíos a través de las embajadas. Antes, había salvado sin duda a miles de ellos que cruzaron la frontera, pero la ayuda nunca consistió en conseguir asilo para los desdichados apátridas judíos que huían abandonando todo con el único destino de conservar la vida. La realidad demostraría que los países neutrales que, como España, se avinieron a ayudar, no querían hacerse cargo de ellos, pero los aliados tampoco.[126] Las presiones no provinieron de Washington y Londres, sino más bien de las organizaciones internacionales judías, que a su vez ejercieron toda su influencia en que los aliados colaboraran para buscar refugio a los judíos. Pero a mediados de 1944, como ya había ocurrido con los sefardíes

126. José Antonio Lisbona, *Retorno a Sefarad. La política de España hacia sus judíos en el siglo XX*, Riopiedras Ediciones, Barcelona, 1993.

de Bergen-Belsen, no habría forma de repatriar a ninguno. Los niños eslovacos seguían sin poder salir de Budapest hacia Tánger. Ni los pasaportes ni la garantía de un visado servirían para salir del país. Sanz Briz tendría que protegerlos en la misma ciudad.

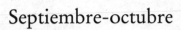

Septiembre-octubre

17

Sanz Briz y los judíos

En Nueva York, los primeros días de noviembre acumulaban una gran carga de trabajo en la sede de la ONU para Sanz Briz. Era el momento de atender a las reuniones de la Comisión Política Especial de Naciones Unidas, lo que le obligaba a dividir su trabajo entre sus funciones como cónsul general en la Gran Manzana y delegado de España en la Asamblea General. Había recibido la petición de un periodista israelí, Isaac Molho, para una entrevista sobre los sucesos de Budapest. Molho, que residía en Jerusalén, era editor de una publicación titulada *Tesoros de los Judíos Sefardíes*. Se había puesto en contacto con Sanz Briz por una sugerencia de Fernando M.ª Castiella, ministro de Asuntos Exteriores desde 1957. Los dos últimos, Briz y Castiella, tenían una estrecha relación que superaba la jerarquía administrativa, porque además de ser su superior, Castiella estaba casado con una hermana de su mujer, Adela Quijano. Aunque abrumado por el trabajo, el diplomático consideró que había que atender al periodista[127] y en-

127. Carta de Sanz Briz a Fernando M.ª Castiella, 19 de noviembre de 1963, Archivo de la familia Sanz Briz.

contró un hueco para escribirle una carta. Puede que Sanz Briz no se acordase de ello en el momento de redactar el relato, pero fue el mismo día que, diecinueve años antes, había acudido a elevar una protesta en nombre de España ante Gábor Kemény, el ministro húngaro de Negocios Extranjeros. La razón entonces era más apremiante: los judíos protegidos por su legación estaban ante una desesperada amenaza. Acosados por los Nylas húngaros, durante los últimos designios de Adolf Eichmann, corrían el riesgo de ser deportados, a pie, a Austria. Los paramilitares de la Cruz Flechada estaban ignorando los pasaportes y cartas de la legación española. Sanz Briz no le explicó nada de esto a Molho, ni de muchas otras cosas. Era a fin de cuentas «una pequeña narración sin el rigor que le habría proporcionado la utilización de fechas, nombres, números y otros datos concretos».[128] Una «pequeña narración» en la que, entre las escasas cuatro páginas, Sanz Briz se retrata como un funcionario que hizo dos o tres gestiones. Ni un ápice de gesta heroica, ni una sola exageración. Si acaso, una interpretación muy amplia de los acontecimientos, cuando explica que Franco le ordenó la tarea. El dictador no le ordenó nada durante ni uno solo de los días que se batió en la debacle asesina de Budapest. Sencillamente, porque desde El Pardo no daban esa clase de instrucciones, como tampoco lo hicieron en Salónica, Sofía o Bucarest. Estaba reservado a los titulares de exteriores: Gómez-Jordana, primero, y José Félix de Lequerica, después. «Leque»,[129] con quien compartía en esos momentos la

128. *Ibidem.*
129. Ángel Sanz Briz utiliza el apodo en varias cartas. Carta de Sanz Briz a Adela desde Nueva York, 1962, Archivo de la familia Sanz Briz.

Andréi György, alias Gross, Grosz, Grainer. El contrabandista judío de ascendencia checa trabajó para los Estados Unidos bajo el nombre en clave de «Trilium» y para los húngaros con el de «Bandi».

El almirante Miklós Horthy, regente de Hungría, con Adolf Hitler.

Ángel Sanz Briz durante la época de Budapest.

Rudolf Kastner a principios de los 50 durante la emisión de un programa de radio en húngaro en la cadena pública israelí Kol Yisrael.

En el centro, Döme Sztójay, durante su etapa como embajador de Hungría en Berlín, en 1940. Cuatro años más tarde, el germánofilo sería nombrado primer ministro.

László Baky, secretario de estado del Ministerio de Asuntos Internos al frente de la gendarmería. Su decisiva participación al frente de la persecución de los judíos le valió la condena a muerte tras la guerra.

László Endre, secretario de estado del Ministerio de Asuntos Internos. Tras la guerra fue juzgado y ahorcado por implementar las deportaciones de judíos.

Grupo de judíos húngaros a su llegada en tren a Auschwitz, durante la primavera-verano de 1944. (*Bundesarchiv*)

Adolf Eichmann en 1942. Llegaría al grado de teniente coronel de las SS. Desde la IV sección de la RSHA coordinó el *Judeniren* de Hungría y la deportación de los campos de exterminio.

Ángel Sanz Briz en los años 40 en su despacho.

El líder del partido de la Cruz Flechada Ferenc Szálasi, saluda con el brazo en alto.

Nota de un mensaje de Sanz Briz al ministerio acerca del golpe de octubre transcrita por el Foreign Office británico. Archivos Nacionales de Inglaterra Kew.

Carta de protección de la legación española en Budapest.

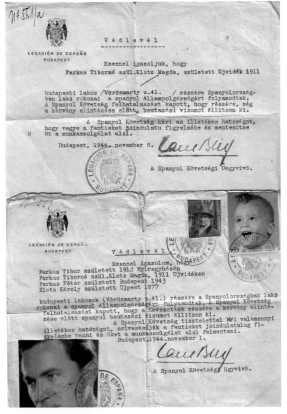

Carta de protección de la legación española.

Documentación diplomática de Ángel Sanz Briz que le acredita como secretario de la legación española en Budapest. *(Archivo Pilar Sanz-Briz)*

Giorgio Perlasca. El italiano había luchado en la Guerra Civil Española del lado de Franco. Sanz Briz le acogió como colaborador de la legación y tras su marcha, Perlasca se hizo pasar por cónsul español.

Monseñor Angelo Rotta, el nuncio apostólico en Budapest. El representante del papa fue uno de los líderes en la protección de los judíos.

Judíos húngaros rescatados de la las marchas de la muerte por Raoul Wallenberg en noviembre de 1944. *(US Holocaust Memorial)*

Raoul Wallenberg. El segundo secretario de la embajada de Suecia se erigiría como el héroe de Budapest tras su intensa actividad en la protección de los judíos. Desapareció tras la entrada del ejército rojo.

El vicecónsul de la embajada suiza Carl Lutz. El diplomático expidió cerca de 7.000 cartas de protección para los judíos, modelo que seguirían Wallenberg y Sanz Briz.

Una de las enormes colas que se formaron en la embajada suiza para obtener cartas de protección. Budapest 1944. *(Yad Vashem)*

Un miembro del partido de la Cruz Flechada arresta a un judío en Budapest. 1944. *(Yad Vashem)*

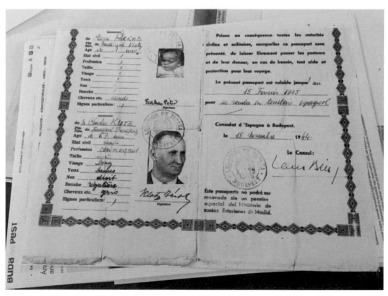

Uno de los pasaportes provisionales y colectivos que expidió Sanz Briz. *(Archivo Pilar Sanz-Briz)*

Liz Zsigmond delante de la tienda en la calle Tátra durante la guerra.

El empresario Jenő Sorg, en los años 40. Después de la toma de Budapest residió en Alemania hasta 1947. En Hungría sus propiedades fueron confiscadas y emigró a Argentina.

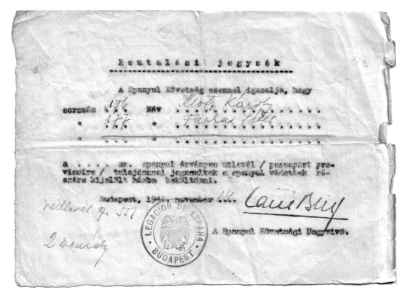

Nota de ingreso en una casa protegida.

György Zsigmond delante de la peluquería Andrassy 54.

Portal número cinco de la antigua calle Phoenis. La casa fue una de las protegidas por la legación española, en ella vivió entre otros Ivan Harsanyi. La calle fue renombrada como Raoul Wallenberg.

Gaston Tournée, Elisa-
beth Tournée, Liz, sen-
tada, hermana Karola de
pie, y la señora Kiss en
los años 60.

Aranka Tóth y su
madre a la derecha
durante los eventos.

Ferenc Szálasi a la orilla del Danubio, en Budapest, con el Puente de
las Cadenas destruido a su espalda, en el año 1944. Autora Mariah
Reismann. *(Memorial Museum of Hungarian Speaking Jewry)*

El Puente de las Cadenas sobre el Danubio, destruido tras el asedio de Budapest. La vista desde las colinas de Buda permite apreciar el Parlamento al fondo.

Soldados soviéticos tras la caída de Budapest. Al fondo, el puente de Erzsébet destruido. Año 1945.

Sinagoga judía de la calle Rumbach en el antiguo barrio judío de Budapest. Distrito VII. Actualmente no es un lugar sagrado sino un museo dedicado a la memoria de la antigua comunidad judía.

Monumento dedicado a las víctimas de la ocupación alemana. Budapest.

Ángel Sanz Briz y Adela Quijano
con su hija Adela en 1944.

Gaston Tournée y György
Zsigmond en los años 60.

José Félix de Lequerica, ministro de Asuntos Exteriores entre
1944 y 1945. En un acto en Washington en 1951 como embajador de España. Lequerica sería amigo de Sanz Briz con quien
continuó su trato en EE.UU.

Ángel Sanz Briz a mediados de los 60 cuando recibió el título de Justo entre las Naciones por parte del estado de Israel. Entonces rechazaría el honor por órdenes de Francisco Franco.

Adolf Eichmann durante su juicio en Israel en 1961. El antiguo dirigente nazi siguió el juicio en una pecera antibalas para evitar atentados.

misión española en Estados Unidos, era a esas alturas un amigo de la familia. El que fuera ministro de Asuntos Exteriores en el otoño de 1944, había reconducido, convenientemente, su actitud hacia los hijos de Sefarad.[130] En octubre, le pediría que hiciera lo posible por salvar judíos en Budapest. «Tesoros de Sefarad.» En toda su vida, Sanz Briz solo hizo dos declaraciones públicas de su arriesgada labor. Concretamente, en una revista israelí de limitada circulación y en un periódico de provincias, el *Heraldo de Aragón*, en 1947. Y en ninguna pasaba por un héroe. Si el régimen quería promocionar la labor de Sanz Briz, lo hacía, primero, en su propio beneficio, y tampoco es que hubieran elegido un gran altavoz. Lo arreglarían con el tiempo. El relato que escribió para Molho tenía sin duda un objetivo concreto. Como reconocería a su cuñado el ministro de Exteriores Fernando Castiella, había procurado «recabar enteramente para España y para S. E. el jefe del Estado el mérito de nuestra actuación, omitiendo para ello cualquier mención a la actividad que, en el campo humanitario, mantuvimos los escasos representantes de países neutrales (Suecia, Suiza, Turquía) bajo la acertada y vigorosa dirección del entonces nuncio de Su Santidad, monseñor Angelo Rotta, y de su auditor, el actual nun-

130. José Félix de Lequerica había sido embajador de España en Vichy ante el Gobierno del mariscal Pétain justo antes de que fuera nombrado ministro de Exteriores. Durante su servicio escribió varios informes negativos contra los judíos. (Ver Apéndices, Documento n.º 1.) En concreto, en uno de ellos advertía a sus superiores del peligro de que cruzaran la frontera de los Pirineos un numeroso grupo de judíos que podrían causar serios problemas en España. La actitud de Lequerica coincidía en general con las premisas del régimen: evitar que se asentaran judíos en la Península.

cio de Costa Rica, monseñor Verolino».[131] Sanz Briz omitió algunos datos, exaltó otros y, sobre todo, rebajó su propio papel. No se puede olvidar un detalle relevante: era un gran diplomático, como demostraría a lo largo de una carrera brillante. Sabía perfectamente cómo contar algo esencialmente verídico, pero acomodado a las circunstancias. En Nueva York, se trataba de remarcar el papel de las autoridades franquistas. Es verdad que Franco no le dio ninguna orden, pero sí su ministro. Y los ministros hacían lo que decía el jefe del Estado. En Budapest tuvo que hilar mucho más fino cuando a mediados de octubre se dirigió al Ministerio de Negocios Extranjeros de los cruciflechados. Como punto de partida, era necesario encajarles el imposible discurso de los sefardíes españoles y el célebre decreto de Primo de Rivera. A partir de ese momento, todas las acciones que realizó en esos trágicos días del inmediato cerco de la ciudad fueron de su propia cosecha. Tenía treinta y cuatro años y no solo se enfrentaba al Tercer Reich, sino al Gobierno totalmente demente de Ferenc Szálasi. Por suerte, la mayoría de los funcionarios del Ministerio húngaro eran de carrera como él mismo:[132] aún no había dado tiempo a las depuraciones. No era excluyente: había auténticos salvajes, sádicos y estúpidos sin educación que ni el propio Gobierno húngaro era capaz de controlar; solo su ingenio, la capacidad de persuasión, el extraordinario don de gentes y la habilidad para ejercer la diplomacia le facultaron para salvar a miles de judíos.

131. Carta de Ángel Sanz Briz a Fernando Castiella, 19 de noviembre de 1963, Archivo de la familia Sanz Briz
132. Carta a Isaac Molho, 15 de noviembre de 1963, Archivo de la familia Sanz Briz.

Es poco probable que Sanz Briz protagonizara algunas de las escenas que de forma salpicada se le han llegado a atribuir,[133] pero hizo algo mucho más difícil: mantener la compostura y la pompa de una representación oficial en un mundo que ya carecía de ella; la ilusión de negociar y de tender puentes con un gobierno de paja. Otros irían en su nombre a reclamar judíos de las marchas, como esgrimiría el impostor Perlasca, a mayor gloria de un relato heroico,[134] que precisamente Sanz Briz rechazó siempre. Pero sin los papeles en la mano que acreditaban que realmente representaban los acuerdos entre dos gobiernos, habrían sido totalmente inútiles. Esos papeles los consiguió Sanz Briz en los despachos de las nuevas autoridades. Todo lo demás dependía exclusivamente de eso. Incluso jugando con habilidad esas bazas, los empleados de la legación, como el abogado Zoltán Farkas o Madame Tournée y el propio Perlasca,[135] se encontraría con tremendas dificultades, porque el zaragozano rebasó, además, los límites de los poderes que encarnaba. Sanz Briz puso la burocracia al servicio del humanismo. La burocracia, sin unos funcionarios que le insuflen vida, se atasca. Ángel Sanz Briz, Raoul Wallenberg, Carl Lutz y Angelo Rotta lo demostraron. Adolf Eichmann, también. Sin su eficiente determinación no habría podido extralimitarse en sus funciones de la Solución Final. Aunque parezca imposible en su caso, se podía ir más allá de las órdenes. Eichmann ignoró la je-

133. Arcadi Espada, *En nombre de Franco*. El testimonio de Katherine Bohrer fue revocado por su propia hija. No hay otra cuenta de los hechos.

134. No hay pruebas.

135. El italiano protagonizó otras acciones.

rarquía de las SS cuando Heinrich Himmler, su superior y uno de los arquitectos del Holocausto, decidió poner fin al exterminio.

A principios de septiembre, la antigua administración de Döme Sztójay había desaparecido. El regente Horthy fue avisado de los intentos de Baky y Endre que apuntaban a un golpe de Estado. La operación contaba con el respaldo de Eichmann y se basaba, esencialmente, en revocar la orden del jefe de Estado que impedía nuevas deportaciones. La llegada del ejército para neutralizar a los Cséndôrs, que había hecho llamar el secretario de Interior Baky,[136] consiguió frustrar la conspiración. Inmediatamente, se nombró al general Lakatos, mucho más moderado y contrario a continuar con la brutalidad hacia los judíos. Mientras tanto, los diplomáticos de los países neutrales, bajo el liderazgo de Angelo Rotta, comenzaron a coordinar sus esfuerzos. Se convocó una reunión el día 24 de agosto a la que Sanz Briz asistió sin esperar el permiso de Lequerica en Madrid. Tenían noticias precisamente de los intentos de Adolf Eichmann por impulsar de nuevo las medidas de la Solución Final y estaban al corriente de los movimientos de los dos secretarios de Interior. Sería la primera reunión de los muchos cónclaves de las semanas siguientes. Lequerica reprobaría unos días más tarde que el español acudiera sin permiso y le conminó a una posición más discreta. Sin embargo, el ministro corregiría poco después su exceso de prudencia. Sanz Briz no solo había enviado detallados y continuos informes sobre la situación de los judíos, sino que se empezó a involucrar —en la medida de sus posibilidades en ese momento— con las preocupacio-

136. Ver capítulo 14: «La persecución en Budapest».

nes de sus colegas y sus líneas de acción. Para entonces, Suecia y Suiza habían comenzado a emitir pasaportes a los judíos, pero, sobre todo, eran populares las llamadas cartas de protección, conocidas como *Schultzpasse* —el término se aplicaría después a las del resto de legaciones—, porque las de Carl Lutz serían las más numerosas. Como no llevaban foto ni firma, se podían falsificar fácilmente, lo que las hizo muy vulnerables después ante las autoridades. El grupo de la Vadaa liderado por Kastner se encargaría de falsificar estos documentos,[137] que tendría que retirar la propia embajada suiza para garantizar que se respetaran los oficiales.

De los cuatro representantes de los países neutrales, solo Rotta y Sanz Briz ostentaban el máximo cargo. El joven Raoul Wallenberg había llegado a Budapest a finales de junio como secretario de la embajada, precisamente con el cometido de llevar a cabo las operaciones de salvamento. Hijo de unos empresarios ricos de Suecia, Wallenberg era el reflejo de Sanz Briz por edad y determinación, aunque este no pertenecía a la carrera diplomática y había sido elegido para la misión en parte por recomendación de la War Refugee Board de Estados Unidos. La diferencia, pues, con la legación española era notoria: el presupuesto de su representación era enorme en comparación con el del español, que carecía de recursos. Wallenberg, que se erigiría en la figura fundamental de aquellos meses, desarrolló una heroica actividad humanitaria que le acabaría costando la vida. El suizo Carl Lutz era también encargado de negocios y, al igual que Wallenberg, su posición en la embajada suiza le permitía

137. Rudolf Kastner, *The report of the Budapest Jewish Committee, 1942-1945*, United States Holocaust Memorial Museum.

unos dispendios siempre mayores que los del español y los del nuncio. Monseñor Rotta era el más veterano de los cuatro y amigo personal de Sanz Briz, quien reclamaría en varias ocasiones el liderazgo que ejerció en todo momento el enviado apostólico del papa. No obstante, la Iglesia católica húngara dependía del cardenal primado Sérédi, quien en su posición ayudó tratando de extender la protección de la conversión católica a los judíos; obviamente, se incrementaron a un ritmo vertiginoso. Algunos judíos se aprendieron el catecismo de memoria como una posibilidad para salvar la vida.[138] Sin embargo, Sérédi recibiría críticas por su gestión durante la crisis debido a su limitada ayuda a los judíos que no fueran conversos.

Las reuniones de los diplomáticos coincidieron en septiembre con la llegada de Lakatos, que ralentizó las operaciones de rescate porque se entró en un nuevo compás de espera que duraría apenas un mes. Con la retirada de la guerra de Rumanía, aliado también del Reich, los nazis tuvieron que ocuparse de la nueva defección y pospusieron sus planes. El comando de Eichmann, sin Endre y Baky de escuderos, y con el regente esta vez en contra, se replegó. La momentánea calma de la persecución no dejó tregua, en cambio, a los bombardeos aliados, que castigaron sin piedad la ciudad. La legación española sufrió directamente uno de los bombardeos en la calle Eötvös que destrozarían los cristales de la fachada. Al mismo tiempo, Sanz Briz, temeroso de lo que le pudiera pasar de nuevo a sus valientes y escasos empleados, Madame Tournée y Zoltán Farkas, ambos de nacionalidad húngara y judíos, pidió a Madrid que se les diera

138. Testimonio de Andrew Furst, UHSM Shoah Foundation.

permiso para residir en la propia sede de la legación, protegida por la extraterritorialidad. El fin era evitar posibles detenciones como las de julio, que afectaron al abogado Farkas y al médico, así como a otros operarios.[139] El día 5 de septiembre el encargado de Negocios se entrevistó con el nuevo ministro de Negocios Extranjeros del Gobierno, Lakatos, que le aseguró que no habría nuevas deportaciones. Duraría apenas un mes y medio en el cargo antes del golpe de los cruciflechados.

139. Ver capítulo 14: «La persecución en Budapest».

18

El ascenso de la Cruz Flechada

El 15 de octubre, el almirante Horthy se dirigió por radio a la nación para anunciar que la guerra se había acabado para Hungría. Al menos, el último acto político del regente tuvo una postrera honra. Era demasiado tarde y además no tuvo éxito. Después de haber aceptado la ocupación alemana, el almirante por fin había entendido que la única posición política que podía tomar era la de romper cualquier lazo con el Tercer Reich. Antes, declinó tomar parte en las intrigas que su primer ministro Miklós Kállay había instigado para rendirse a los aliados durante los primeros meses de 1944. Que fuera muy tarde no significa que, de haberse decidido en febrero, hubiera conseguido evitar la ocupación alemana, pero habría dificultado mucho las cosas. Un nuevo frente en Hungría entonces significaba el enésimo quebradero de cabeza para Hitler, pero la maniobra implicaba, inexorablemente, abrir las puertas del país a la URSS, una opción que Horthy, sencillamente, aborrecía. Siete meses y casi medio millón de judíos asesinados después, el mismo almirante conspiró para firmar un armisticio con los mismos oficiales soviéticos a los que no quiso rendir el país en febrero. Los reparos del almirante eran consecuentes; su propia existencia, y con ella el invento de la monarquía sin rey bajo la que descansaba la constitución, había sido fruto de una contrarrevolución conservadora para deponer el experimento comunista de Béla Kun en 1919. El movimiento prosoviético de entonces fue tan efímero que no llegó ni al año, pero dejaría una honda huella en el país. Con Horthy emergería poco a poco el antisemitismo y, aunque en la práctica su aplicación fuera residual, germinó algunas conciencias lo suficiente para alimentar las consignas nazis de la persecución a los judíos. Esta vez, Horthy, que ya había detenido las deportaciones hacia los campos de exterminio y se había deshecho del progermano Döme Sztójay, pretendía acabar de una vez por todas con la presencia alemana pasándose a los aliados, aunque eso conllevara echarse en manos de los soviéticos. Para ello movilizó al ejército, que en teoría podía ser capaz de tomar el control de Budapest antes de que las divisiones Panzer lo impidiesen, pero su intento fracasó. Edmund Veessenmayer maniobró rápido: en cuanto supo de la defección del jefe del Estado organizó un comando especial al frente del cual puso a Otto Skorzeny, que en pocas horas rodeó el Palacio Real de Buda, secuestró al hijo mayor del almirante y advirtió de la capacidad militar del Tercer Reich, por menguante que fuera la situación de la Wehrmacht. Tal y como informó Sanz Briz a España:

Tras la declaración de corrientes comunicada al pueblo húngaro por la radio, en la que el regente Horthy daba orden a sus tropas de cesar las hostilidades y anunciaba al país su determinación de proceder a la firma de un armisticio, el Palacio Real, residencia del regente, fue cercado por fuerzas motorizadas alemanas y por milicianos del partido. En la mañana del día 16, alrededor de las 5, el nieto del regente, de tres años de edad, acompañado de su madre, viuda de Esteban Horthy, fallecido en acción de guerra, y de los padres de esta, condes de Edelsheim, se refugió en el edificio de la nunciatura, situado en las inmediaciones del palacio. En la misma mañana del 16, el ministro de Alemania señor Veesenmayer, acompañado de dos oficiales alemanes, se presentó en la residencia del regente. Celebraron breve entrevista en la que el alemán manifestó que fuerzas diez veces superiores en número a las que defendieron el palacio se hallaban apostadas en sus inmediaciones y que aconsejaba, para evitar inútil efusión de sangre, la rendición de la guardia y de la propia persona del regente. Este aceptó la proposición e inmediatamente fue trasladado a la legación de Alemania. Poco después comenzaron las fuerzas alemanas a tomar posesión del Palacio Real, pero un determinado número de soldados húngaros ofrecieron resistencia por no haber llegado a su conocimiento la orden de rendición. Hubo un pequeño número de muertos en ambos bandos. La familia de Su Alteza, según me ha manifestado el señor nuncio, ha abandonado la nunciatura en el día de hoy para reunirse con Horthy en la legación de Alemania, desde donde se supone serán transportados a Alemania.[140]

Para contrarrestar el atisbo de resistencia del país, Veseenmayer encontró la solución en el Partido de la

140. Informe de Ángel Sanz Briz al Ministerio de Asuntos Exteriores, 16 de octubre de 1944, AGA 82/3.955.

Cruz Flechada de Ferenc Szálasi, unos revolucionarios ultracatólicos y fascistas que se habían convertido en el partido nazi húngaro y abrazaban cada uno de los preceptos nazis además de la exaltación nacionalista, obviamente, de los magiares. Su presencia en el parlamento era considerable después de haber obtenido el 20 % de los votos. Para formarse una idea baste decir que uno de sus miembros, que había entrado en el anterior Gobierno de Sztójay, era nada más ni nada menos que László Endre, el sádico secretario de Interior con el que las deportaciones de Eichmann habían alcanzado su cenit. En realidad, el giro de Horthy se solapó con el golpe de Estado que ya preparaban los cruciflechados instigados por los nazis para quienes Horthy era ya un incómodo estorbo. Eichmann ya había intentado un golpe en verano para poder continuar con el asesinato en masa, pero entonces las circunstancias obligaron a contemporizar debido a la defección de Rumanía ese mismo verano. La semana anterior había sido un hervidero de rumores que habían llegado a los atentos oídos de Sanz Briz, quien ese mismo día 15 había enviado a Madame Tournée con el archivo y documentos de la legación a Viena para ponerlos a salvo. Se esperaba un golpe en los últimos días debido a la creciente presión alemana:

Para impedir que el armisticio llegara a realizarse, en la tarde del mismo día 15, el Partido armado, los cruciflechados, dispuestos a todo y apoyados por las fuerzas alemanas, que se hallaban en Budapest, procedió a cercar el Palacio Real y, después de hacer prisionero al propio regente, se hizo cargo del poder. El 16 de octubre, Ferenc Szálasi, jefe del Partido de la Cruz Flechada, dirigió un llamamiento a la nación en armas, en el que dijo que el regente había violado la promesa hecha a la nación, que, por consiguiente, él, Szálasi, que se había visto obligado a tomar el poder ya que el regente había aconsejado al país violar la fidelidad para con su aliado, y hacer caso omiso de la fraternidad que ligaba Alemania con Hungría. Así, pues, Szálasi añade, se había visto obligado a elegir entre la nación y la constitución, entre la justicia y el derecho y entre la vida y la ley. Esta lucha terminará con la victoria del nacionalsocialismo y el establecimiento de un nuevo orden; en la nueva comunidad europea Hungría desempeñará su papel. Sus fines consisten en crear una Hungría libre e independiente en el seno de la comunidad moral, espiritual y material de los pueblos europeos. A continuación, Szálasi dio las gracias a Hitler por el apoyo que ha prestado a Hungría en estos difíciles momentos. Esta ayuda es prueba suficiente, añadió, de que Hitler trabaja con el único fin de que todos los pueblos europeos puedan aprovechar las ventajas de la comunidad nacionalsocialista en beneficio de su seguridad y bienestar.[141]

La relativa calma del verano se hizo añicos con el nuevo Gobierno de Ferenc Szálasi. Los cruciflechados mostraron una brutalidad y un impulso asesino en las calles prácticamente desconocido hasta ese momento en Budapest. Las SS y la Gestapo volvieron a campar a sus anchas con mayores garantías que durante el Gobierno de Döme Sztójay. El problema para Eichmann era la irreversible derrota de Alemania en la guerra. El ejército soviético es-

141. Informe de Ángel Sanz Briz al Ministerio de Asuntos Exteriores, 16 de octubre de 1944, AGA 82/3.955.

taba casi a las puertas de la capital y carecía de transportes para la deportación. La engrasada maquinaria del exterminio había dejado de funcionar, lo que no aplacó sus ansias de *Judenrein*, pero sí el alcance de sus acciones. Ferenc Szálasi no dejaba de ser un advenedizo revolucionario cuya experiencia de gobierno era nula. Su capacidad de juicio sobre la situación de Hungría era además muy pobre, casi delirante. Szálasi ansiaba primero el reconocimiento internacional de su gobierno de opereta que difícilmente pasaba los estándares del Tercer Reich, no digamos ya el resto de la comunidad internacional. Los cruciflechados denominaron el nuevo periodo como la «Revolución»; les faltó el apellido del «Terror».

19

Sanz Briz reclama a los sefardíes

Ángel Sanz Briz recurrió a la ficción del decreto de Primo de Rivera sobre los sefardíes españoles ante las nuevas autoridades húngaras. Después de las decenas de informes, telegramas y cartas advirtiendo de la progresiva persecución de las autoridades en Budapest, de las atrocidades de la Solución Final en Auschwitz y de la deportación de casi medio millón en las provincias de los judíos recluidos en las casas amarillas, les había llegado ya el aliento asesino de sus captores. Hasta ese momento, habían corrido peligro, pero en casos particulares, y Madrid había guardado silencio. El pulso del joven encargado de Negocios, sus reuniones y contactos con el resto de enviados de los países neutrales y el apoyo del nuncio Rotta le sirvieron para retratar una situación cada vez más insostenible de cara a las autoridades españolas. Ningún judío de Budapest estaba a salvo ya. El detonante, sin embargo, no se produjo en Madrid. Isaac Weismann, el presidente del Congreso Mundial Judío, se había reunido en Washington con el embajador español en Estados Unidos. Cárdenas, al que le pidió encarecidamente que su Gobierno hiciera algo por los judíos de Budapest. Por si acaso Cárdenas fallaba, Weismann trasladó la urgencia también a Lisboa, donde se encontraba como embajador Nicolás Franco, hermano del Generalísimo:

Conociendo los sentimientos humanitarios de España, creo mi deber pedirle que dedique el mayor interés en los millares de vidas que se pueden salvar. Me sentiría enormemente reconfortado si tuviera constancia de que el Gobierno español hará todo lo posible por tomar las mismas medidas que ya ha empleado el Gobierno de Suecia.[142]

Pero Cárdenas no tardó en trasladar la propuesta a España: en 24 horas llegó su mensaje que surtió efecto inmediato. Lequerica, que hasta ese momento había permanecido inmóvil, telegrafió a Sanz Briz el 24 de octubre con el requerimiento para actuar. «A petición representante Congreso Judío Mundial ruega se extienda protección a mayor número judíos perseguidos.»[143] No hay constancia de que la propuesta fuera aprobada por Franco, pero es del todo improbable que el ministro de Exteriores tomara por sí solo la decisión. «Sírvase V. E. informar a qué forma se puede atender a los solicitados con mayor espíritu de benevolencia y humanidad y tratando de buscar soluciones prácticas para que la actuación de esa legación resulte lo más eficaz posible.» Lequerica insistía, además, en una vieja fórmula a la vista de los acontecimientos, porque en sus instrucciones le encomendaba un orden de preferen-

142. Carta de Isaac Weismann del Congreso Mundial Judío a Nicolás Franco, Lisboa, AGA 82/3.956.
143. Telegrama de José Félix de Lequerica a Ángel Sanz Briz. Arcadi Espada, *En nombre de Franco*.

cia: que incluyera primero a los sefarditas de nacionalidad española; segundo, a los de origen español, y, por último, al mayor número posible del resto de «israelitas».[144] La división no tenía demasiado sentido ya, porque no iban a ser repatriados y, en caso de que lo hubieran sido, diferenciar entre sefardíes de nacionalidad española y de origen español no era gran cosa, dado que, como norma general, la política de España había sido la de que todos estuvieran en tránsito. El último detalle radicaba además en que en Hungría no existía una comunidad sefardí com tal.

En cualquier caso, era el plácet de Madrid. Solo quedaba todo por hacer. Las órdenes del Ministerio de Exteriores eran escuetas y, aunque suficientes para poder actuar, absolutamente parcas para desplegar lo que parecía imposible en Budapest; hacer pasar por españoles a miles de judíos que jamás habrían podido pronunciar la palabra España y difícilmente sefardí. Era una medida inédita para la diplomacia española en toda la guerra[145] y un reto peligroso que requería una firme decisión y entereza en mitad del pánico que ahogaba ya la ciudad. Eichmann había vuelto a su despacho en el Majestic y reclamaba el Estado *Judenrein* que no había logrado ejecutar completamente cuando tuvo que abandonar en agosto su posición. Las SS y la Gestapo aterrorizaron de nuevo Budapest, no más que la facción paramilitar de los cruciflechados, los Nylas húngaros, suabos de procedencia germánica cuya brutalidad superaría incluso a la de los nazis. Portar la estrella de David en el pecho había pasado a ser casi una sentencia. Palizas,

144. Bernd Rother, *Franco y el Holocausto*, Marcial Pons, Madrid, 2005.

145. Hasta ese momento, en el exterior se había gestionado la protección oficial de los sefardíes, pero no del resto de judíos.

burlas y asesinatos. En la calle Eötvös, Sanz Briz dio órdenes a Madame Tourneé, Zoltán Farkas y Giorgio Perlasca de hacer correr la voz de la protección española. Sefardíes, sí, o cualquiera que esgrimiera una relación con España, aunque era solo la excusa de cara a las autoridades. Empezaron por consignar que tenían parientes en la Península sin necesidad de que tuvieran algo parecido a un documento en regla. Con todo, aparecieron algunos pocos cuyo origen Sanz Briz atribuiría al «antiguo Imperio otomano», si bien no consta que hasta ese momento hubieran hecho la más mínima gestión por registrarse ante la diplomacia española, como sí había ocurrido en el caso griego. Como representante de la legación extranjera, el diplomático tenía la responsabilidad más difícil, lidiar con las autoridades. O reconocían sus demandas o se había acabado todo. Hungría no se convirtió con los siglos en un territorio de acogida de los sefardíes, como sí lo fueron Grecia o Rumanía, pero el relato, en cambio, era necesario.

Sanz Briz explicó a Lequerica que la única posibilidad era la de proveer al mayor número de judíos con documentación española, tal y como hacían ya Suecia, Suiza y El Vaticano, independientemente de su origen, que a la fuerza tendría que justificarse de formas muy vagas. «Mi respuesta fue que era necesario proveerlos de documentación española, basándonos en el decreto promulgado en España el 20 de diciembre de 1924, siendo jefe del Gobierno el general Primo de Rivera, en el que se ofrecía a los sefarditas la posibilidad de recuperar la nacionalidad española. Excuso decir a usted que en Hungría había muy pocos sefarditas.»[146]

146. Carta de Ángel Sanz Briz a Isaac Molho, Archivo de la familia Sanz Briz.

Se decidió a armar la ficción de las viejas relaciones entre la comunidad de sefardíes en el extranjero y la ancestral madre «España». Todo era un camelo, porque no se trataba, como en Grecia en 1943, de repatriar a españoles ni nada que se le pareciese. Se buscaba solo su protección y las autoridades franquistas estaban ya inmersas en otro relato que no era el sefardí, que tantos desvelos le había causado a Radigales y a Vidal en Berlín. La nueva historia era la decidida intención del Gobierno español de salvar judíos a toda costa, tuvieran o no cualquier vínculo de cinco siglos de distancia con España, más bien lo segundo. Se esgrimía, de repente, un renovado interés humanitario en territorio extranjero, que era exactamente el argumento contrario al que se había seguido durante buena parte del año 1943, pero la decisión salvaría miles de vidas. Sefardíes o no, había que protegerlos. Básicamente era adoptar las medidas que fueron aprobadas, en cambio, para los judíos apátridas que cruzaban la frontera de los Pirineos, con la ventaja añadida para el régimen de que nadie esperaba que ni uno solo de los húngaros fueran a residir en España, porque los documentos españoles significaban poco más allá de la burbuja en la que se había convertido Budapest.

Una bendita mentira para engañar al Gobierno de la Cruz Flechada y los últimos impulsos de los nazis de noviembre. Para Franco no es que fuera ya evidente la derrota del Tercer Reich, sino que lo era su absoluta debacle. No parecía sensato tirar por la borda una oportunidad con cero coste para sus planteamientos y, en cambio, un posible beneficio político en el exterior. Pero una cosa eran los análisis a vista de pájaro y otra la densa nube que envolvía Budapest. Bajar a tierra significaba enfrentarse a una administración imprevisible y enloquecida que desagradaba incluso a los nazis. Sanz Briz lidiaba con unos funcionarios que sorprendentemente parecían creer que gobernaban un país que en realidad estaba a punto de ser conquistado por los rusos. Lo difícil era el permiso del ministro húngaro para que reconociera la validez de los pasaportes que tenía intención de expedir. La razón es que el Gobierno de España sí estaba en sus cabales y jamás iba a reconocer a la Hungría de Szálasi, lo que hubiera sido un suicidio internacional en toda regla dada su nula credibilidad. Así que había que encajar esa primera demanda sin comprometerse en absoluto. Sanz Briz hizo gala de las artes de su oficio y mantuvo la ilusión de que España esperaba el momento propicio, siempre en futuro, para lo cual sería muy positivo un gesto de buena voluntad de los húngaros para con los intereses españoles; este, en cambio, en presente. Salió con el compromiso de que se respetarían 100 pasaportes que expidiera la legación. Como explicaría Sanz Briz, lo importante era obtener de Hungría el reconocimiento de la existencia de sefardíes, pero más importante, la autorización a España para reconocerlos. Les otorgaron 100. En números redondos. A fin de cuentas, los funcionarios húngaros vivían un espejismo, pero no habían perdido el discernimiento: a partir del cuento de los sefardíes, que creían difícilmente, otorgaban como gesto un cupo para que la legación salvase a quien quisiera. Lo de menos ya es si eran sefardíes, si es que estos existían. Sanz Briz comunicó el resultado de la negociación por telegrama el día 2 de noviembre:

Con referencia a su telegrama número 82. Ha sido aceptado por este Gobierno protección Gobierno español en favor de 100 judíos, cifra que quizá pueda ser aumentada. Protección está condicionada, primero: dichos judíos deberán salir de Hungría para España antes de 15 de noviembre. Segundo: Gobierno español deberá reconocer Gobierno húngaro y apoyar a su representante en Madrid para poder tomar posesión de los locales de la legación y desempeñar sus funciones. Si V. E. lo estima oportuno puede informar nuestro representante en Washington que esta legación España ha tomado bajo su protección a los 500 niños eslovacos a quienes Gobierno español autorizó visado entrada en Tánger.[147]

No debió de ser fácil. Traduciendo el lenguaje oficial, lo que realmente demandaba el Gobierno de Szálasi era el reconocimiento de España. Evacuar a los protegidos antes del 15 de noviembre, para lo cual el Gobierno franquista tendría que correr con todos los gastos,[148] era sencillamente irrealizable. Los 500 niños eslovacos a los que se había dado permiso para entrar en Tánger bajo los auspicios de España llevaban varados en el limbo burocrático desde julio: no saldrían nunca. Si en el verano fueron los nazis quienes demoraron continuamente su evacuación, en noviembre no se disponían ya de transportes: incluso los nazis carecían de medios para la deportación. Eichmann lo arreglaría con un nuevo método de tortura, las marchas de la muerte.

A partir de ese momento, la legación se había deshecho definitivamente de su función original. Ya no repre-

147. Telegrama de Ángel Sanz Briz al Ministerio de Asuntos Exteriores, Budapest, a las 23:20 horas del 2 de noviembre de 1944, AGA. 82/5.246.
148. Carta de Sanz Briz a Isaac Molho.

sentaba a España en territorio húngaro, lo hacía en Washington y Londres. Adolecían además de cualquier intención de estrechar buenas relaciones o sincera cooperación entre países: lo único que tenía en la cabeza Sanz Briz era engañarles. El objetivo era exprimir una y otra vez los permisos de los cruciflechados para burlar sus condiciones. Ni Sanz Briz ni Lequerica contemplaban la posibilidad de evacuar a nadie, porque era sencillamente imposible. La ciudad se preparaba para convertirse en uno de los últimos frentes de batalla de la guerra. La única esperanza era proteger su vida.

20

El hombre que pudo salvar a 300
y no tenía demasiado

Elisabeth Tournée debía su apellido a un marido francés del que nadie ha dado nunca ningún detalle y que le dejó, además de a su hijo Gaston, el tratamiento característico con el que todo el mundo se refería a ella, Madame Tourneé. Su sola pronunciación acarrea un inmediato poso de respeto y autoridad, que se desprende además de los escasísimos recuerdos que han goteado con los años sobre ella. De las fotos que la han sobrevivido, todas posteriores a la guerra, cabe decir que siempre sale en el centro.[149] A los lados, amigos o familiares, su hijo. El gesto siempre formal, casi severo. Vivía con Gaston en la calle Vörösmarty y trabajaba para la legación desde 1919. Veintitrés años. Era la jefa de la cancillería, es decir, del personal administrativo, hablaba varios idiomas —francés, húngaro, español, alemán, búlgaro— y por su experiencia debía llevar en la cabeza todo el papeleo y la documentación que emitía la oficina diplomática. Por sus laboriosas manos pasarían y cogerían forma

149. Fotografías facilitadas por Gábor Tóth y Anika Polck.

los miles de documentos que se empezaron a otorgar en noviembre a ritmo desesperado. Madame Tournée era judía, por lo que Sanz Briz pidió que se refugiara en la legación. Lo haría en los últimos meses ante el avance de los rusos. Antes se trasladó con Gaston a una de las casas españolas en la calle Pannonia, 5, en el gueto internacional.[150] A Madame Tournée, un anónimo la había acusado en 1938 precisamente de haberse aprovechado de su cargo en la cancillería para arreglar pasaportes a judíos que querían salir de Hungría, en donde ya había leyes antisemitas. El informe, que descubrieron el escritor Arcadi Espada y el investigador Sergio Campos, es extraordinariamente revelador porque le dotaba de una experiencia temprana para la tarea que desempeñó en el otoño de 1944,[151] seis años después:

La secretaria de la representación de España Nacional en Budapest es judía. Por esta causa facilita el visado de pasaportes necesarios para entrar en la zona liberada a cuantos judíos húngaros y también de otras nacionalidades lo solicitan a cuenta de nuestra representación en Budapest. El representante del Generalísimo en Hungría ignora este detalle y firma sin reparo. Es fácil comprobar qué pasaportes húngaros corresponden a judíos porque siendo aquel país de religión oficial católica al no profesarla estos estampan en el pasaporte la «protestante». Este detalle identifica sin otro requisito a los judíos húngaros a

150. Erzsébet Dobos, *Salvados*. István Feher escribiría una carta a la investigadora húngara en la que le detallaría la amistad entre las dos familias que fueron vecinas en ambas calles y después de la guerra.
151. Arcadi Espada, *En nombre de Franco*.

que se hace referencia. Ha de tenerse en cuenta que el pasaporte húngaro es el único que consigna la religión. Sería conveniente examinar con detalle las autorizaciones para entrar en España concedidas por Budapest, por la razón indicada. Se hace notar que cuando a la secretaria indicada no le es posible dar el visado, envía a Lisboa a los interesados y, en este punto se les facilita sin un conocimiento pleno y garantía de su filiación y actividad el visado de referencia. La repetida secretaria otorga también el visado a súbditos de nacionalidad distinta y a los que no se les ha concedido en su país de origen por la representación española. Valladolid, 1938.

Madame Tournée se encargaría de atender a los numerosos judíos que se arremolinaron a principios de noviembre en la legación. En pocos días se formaron grandes colas en la puerta de la legación de la calle Eötvös para tratar de conseguir los benditos papeles que acreditasen a sus poseedores como ciudadanos españoles o, al menos, como protegidos por España. Las puertas dan a un amplio soportal que desemboca en un amplio patio; antes de llegar a él, a la izquierda, una pequeña escalinata separa el primer piso del entresuelo. Prácticamente pegado a la entrada girando a la izquierda se encontraba el despacho de Sanz Briz en 1944. El gran ventanal se abría hacia la misma calle Eötvös, desde donde podría ver las personas que acudían allí. Las dependencias de la legación sobrevivieron a la guerra y tras el periodo de la Hungría comunista volvió a acoger a la misión española, en donde se encuentra ahora la Embajada de España y su sección consular. Entonces, la legación no acogía la residencia del embajador, ni de Muguiro, ni de Sanz Briz después. Ahora, el antiguo despacho donde el español consumió las horas más intensas de su carrera diplomática forma parte de los salones empleados para las recepciones. Allí se encontraba también la oficina de Madame Tournée con la sección consular para el papeleo. Aunque era una legación modesta, el edificio de la calle Eötvös contaba con una superficie considerable, sobre todo teniendo en cuenta los sótanos del edificio, donde acogieron a muchas de las familias a partir de noviembre. Una vez que tuvo el plácet de Madrid, Ángel Sanz Briz ideó tres tipos de documentos para la protección de los judíos, interpretando las intenciones de su Gobierno. Contaba ya con el ejemplo de las otras oficinas diplomáticas neutrales, especialmente el caso de las *Schultzpasse*, es decir, las cartas de protección, que no eran pasaportes pero servían para reconocerlos de alguna forma como ciudadanos bajo la protección de España. Después de varias gestiones con las autoridades húngaras, Sanz Briz había conseguido aumentar el cupo de los pasaportes concedidos a España de 100 a 300, que protegerían a 352 personas.[152] Los pasaportes provisionales que expidió servían para poder viajar a España con un visado en tránsito, es decir, que les permitiera continuar el viaje a otro país. Estaban redactados en francés y se siguió la fórmula de que fueran colectivos, como ya había hecho Sebastián Romero Radigales en Grecia, de forma que uno solo podía proteger a varios miembros de la misma familia. Tal y como detallaría él mismo desde Berna, Suiza, el 15 de diciembre: «En muchos de los pasaportes provisionales fueron incluidas diversas personas de la

152. Informe de Ángel Sanz Briz: «Sobre la protección de judíos realizada por la legación de España en Budapest», Berna 13 AGA. 82/5.247.

misma familia, con lo que resulta que en un total de unos 235 pasaportes (de dicha clase) expedidos, han quedado protegidas 352 personas, cifra ligeramente superior a la autorizada por este Ministerio de Negocios Extranjeros.» Todos tenían foto y firma del encargado de Negocios, para la que se utilizó un sello que tendría su importancia tiempo después. Después estaban las cartas de protección que seguían el ejemplo suizo y sueco y fueron mucho más numerosas ya que no entraban en el cupo originalmente previsto por las autoridades húngaras:

Aprovechando la confusión y anarquía reinantes en el país, esta Representación, creyendo obrar en el sentido de las instrucciones de V.E. contenidas en su telegrama número 78, procedió a la expedición de un documento llamado «Carta de protección», en el que se hace constar que su titular tiene parientes en España y que se encuentra bajo la protección de esta Representación. Dicho documento era, en principio, suficiente para evitar la deportación o internamiento de su titular. De estas cartas de protección se hizo beneficiarios a 1.898 israelitas, la mayor parte de los cuales han sido salvados.[153]

Las cartas de protección también llevaban foto, lo que las haría algo más valiosas que las suizas, ya que era posible hacer constar la identidad de su poseedor y le dotaba de un mayor carácter «oficial», aunque desgraciadamente tampoco sería suficiente en ocasiones.[154]

153. *Ibidem*.
154. Ver capítulo siguiente.

Familiares residentes en España han solicitado la nacionalidad española para las personas mencionadas. La legación de España está autorizada a expedirle un visado de viaje. La legación de España exige a las autoridades competentes tener en cuenta con urgencia esta condición ante posibles medidas y liberar a las personas mencionadas anteriormente del servicio de trabajo.[155]

A los pasaportes provisionales y las cartas de protección, el encargado de Negocios añadiría una tercera categoría: pasaportes ordinarios que repartió entre los pocos sefardíes españoles que sí acudieron: «El abajo firmante tuvo ocasión de comprobar la existencia en Budapest de un reducido número de sefarditas, emigrados del antiguo Imperio otomano y que han conservado su lengua española. A estos, cuyo número asciende a 45 personas, les fueron expedidos pasaportes ordinarios, en número de 15 y en los que quedaron incluidas las 45 personas mencionadas. Tanto en los pasaportes provisionales como en los ordinarios, expedidos a los israelitas húngaros, se ha hecho constar que no podrán ser renovados sin una autorización especial de ese Ministerio de Asuntos Exteriores. El plazo de validez señalado es el de tres meses.»

Uno de los pasaportes que entregaría por esas fechas Sanz Briz sería para el italiano Giorgio Perlasca, que se había presentado en la legación para pedir ayuda al encargado de Negocios cuando la Embajada italiana desapareció el 19 de marzo. Perlasca tenía miedo de los alemanes y Sanz Briz le acogió en la legación como colaborador. Prestaría una gran servicio ayudando en los múltiples

155. Contenido del texto de las cartas de protección.

problemas que tuvieron que afrontar, sobre todo, a partir de la creación del gueto internacional con el abastecimiento de las casas protegidas bajo la bandera española.[156] Perlasca nunca formaría parte del personal de forma oficial, aunque acabaría reclamando para sí mismo el título de cónsul después de que Sanz Briz abandonara Budapest. Nunca constaría como tal, pero durante los meses de diciembre y enero en el cerco de la ciudad seguiría ayudando a paliar la desesperada situación de los refugiados en las casas.

---

156. Ver capítulo 23: «Las casas españolas».

21

Las marchas de la muerte

Recorrieron en coche la carretera principal que iba hacia Hegyeshalom. Estaban a casi cien kilómetros de Budapest. El abogado de la legación española, Zoltán Farkas, compartía el vehículo con el capitán Batizfalvy, quien le escoltaba después de las instrucciones que había recibido del ministro Gábor Kemény tras las protestas de Sanz Briz. Por ese mismo camino se habían arrastrado a golpes, con apenas una ración de pan al día, millares de judíos que eran conducidos por los Nylas húngaros hacia el abismo. Farkas trabajaba para la representación diplomática española desde hacía años, aunque en Madrid se negaban a reconocerlo como un empleado de pleno derecho en contra de las protestas de Sanz Briz, quien estimaba al húngaro no solo por cuestión de amistad, sino por su crucial papel en los asuntos de la legación.[157] Como natural de Hungría, conocía bien los entresijos del país y, además, hablaba alemán. El diplomático le había pedido a partir del comienzo de la persecución que se re-

157. Carta de Ángel Sanz Briz a Giorgio Perlasca, San Francisco, 1946.

fugiara permanentemente en la legación española para su seguridad, algo que no veían con buenos ojos en Madrid, tal como le comunicó Lequerica ante la propuesta de que tanto él como Madame Tournée emplearan la legación como residencia. Farkas ya había sentido la escalofriante caricia de las deportaciones cuando fue detenido por los nazis en julio. En esa ocasión, Sanz Briz consiguió que le soltaran,[158] pero Farkas, que era judío, seguía corriendo un peligro que burlaba con la voluntad firme de continuar su trabajo junto al español. Los dos ocupantes del coche corrían contra el tiempo para ir a buscar a decenas de judíos que portaban cartas de protección españolas y que, sin embargo, habían sido detenidos y obligados a caminar hasta la frontera con Austria. El rescate era fruto de las continuas protestas de Sanz Briz, que había ido hasta en tres ocasiones al Ministerio de Exteriores a reclamar que se respetaran los documentos españoles y que les permitieran ir a buscar a los que ya habían sido conducidos a lo largo de la carretera.[159] Las vejaciones y los malos tratos eran constantes, la comida escasa, el ritmo de la marcha, atroz. Era mediados de noviembre y el frío ya enseñaba su implacable lógica. Los Nylas ejecutaban obedientes las órdenes de Adolf Eichmann. El «emperador de los judíos» había diseñado su último plan para el *Judenrein*: como era imposible obtener trenes en el Reich, marcharían a pie hasta los campos. De Budapest a la frontera con Austria: 200 kilómetros.

Eichmann planificó la marcha para 50.000 judíos de Budapest a mediados de octubre, nada más instalarse de

158. Ver capítulo 14: «La persecución en Budapest».
159. Bernd Rother, *Franco y el Holocausto*, Marcial Pons, Madrid, 2005.

nuevo en su despacho del Hotel Majestic. Lo primero que hizo para retomar el pulso de las deportaciones fue asegurarse con Gábor Vajna, el nuevo ministro de Interior, que no habría distinciones especiales y que todos serían «evacuados» a Alemania, a lo que Vajna había accedido sin ninguna objeción. Como medida previa, además, el Gobierno húngaro instauró grupos de trabajos forzados para mejorar las defensas de la ciudad ante el avance del ejército soviético. Comenzaron de nuevo las detenciones de judíos y les pusieron a trabajar cavando trincheras y zanjas en los puntos estratégicos de la ciudad. Obviamente, los que formaban ese servicio de trabajo fueron los primeros en entrar en las listas para las posteriores deportaciones. La anulación de las cartas de protección que había impuesto Eichmann suponía tirar por tierra toda la labor de Sanz Briz, y la del resto de los países neutrales, pero la capacidad de estos no se limitaba a sellar y firmar documentos. Los representantes diplomáticos se reunieron y acordaron conjuntamente amenazar con abandonar el país y no reconocer al Gobierno de Szálasi. Asombrosamente, el gobierno aún creía que eso podía importar algo, cuando el Ejército Rojo estaba a pocos kilómetros de la capital y la Wehrmacht sufría enormemente los ataques de la URSS solo para no retroceder demasiado en cada nueva embestida. La presión surtió efecto. Szálasi retiró la medida el día 2 de noviembre y restableció la categoría de judíos protegidos por los neutrales.[160] Sin embargo, poco después de que la oficina española produjera los documentos al ritmo que podía aumentando su número con las artimañas

160. Randolph L. Braham, *The Politics of Genocide. The Holocaust in Hungary*, Wayne University Press, Detroit, 2000.

de Sanz Briz, los Nylas empezaron a ignorar muchos de ellos. Las SS de Eichmann, también. Al encargado de Negocios le llegaron las noticias de que estaban deteniendo a los judíos protegidos por la legación y que estos estaban siendo recluidos en una fábrica de ladrillos a las afueras de Buda. Ya fuera porque los cuadros medios de la administración no se enterasen o no quisieran hacerlo, durante algunas semanas se rechazaron muchos de los papeles. Sanz Briz informó a Madrid, desde donde le contestaron que protestara enérgicamente por ello.[161] El día 9 fue al Ministerio de Exteriores a encararse con las autoridades ante el trato que se estaba dando a los judíos protegidos por España. Aunque el Gobierno se disculpó de forma cortés, no hizo nada por ellos. Lo más probable porque no podía hacer nada por controlarlos.[162] Lo que ocurría es que Eichmann, después de haber intentado eliminar la cartas de protección, sin éxito, había dado orden de examinar con lupa los documentos que sabía que se estaban falsificando en algunos casos.[163] No es de extrañar que las milicias, azuzadas por los alemanes, extremaran su celo. El ministro, el barón Gábor Kemény, era aún más joven que Sanz Briz, de unos 28 años. Se había sumado a la revolución de los cruciflechados y como hombre educado y conocedor de las mínimas normas de la diplomacia había dado toda clase de excusas al español. Revestía un tono peripatético que el joven barón intentara dar la apariencia de hablar en nombre de

---

161. Secretario de la Embajada de España, Budapest, Sanz Briz, al Ministerio de Exteriores, Madrid, 9 de noviembre, FNFF, Leg. 202 citado en *Franco y el Holocausto*, Bernd Rother.

162. Bernd Rother, *Franco y los judíos*.

163. Rudolf Kastner, The Jewish Rescue Committee report.

un Estado legalmente constituido, con las garantías necesarias en cuanto a normas internacionales, a la luz de la salvaje represión de los judíos en la ciudad. Era parte indisoluble del régimen surgido con el derrocamiento de Horthy: un Estado policial fascista donde reinaba el descontrol y la anarquía y que era dirigido por unos gobernantes sumidos en el delirio, tanto respecto a su capacidad de gobierno, como respecto al análisis de la situación del país. Szálasi demostraría en ocasiones cierta rebeldía en contra de los nazis, pero no era más que una triste marioneta que apoyaban los alemanes como mal necesario. La estupidez puede ser más peligrosa que la maldad, pero son imbatibles cuando van de la mano.

Para hacerse una idea del tipo de administración que regía el país, la crónica de Eugenio Suárez es reveladora. Cuando el periodista decidió abandonar Budapest camino de Suiza, se encontró en la frontera con la negativa a dejarle marchar porque carecía de toda la documentación en regla necesaria, lo que le obligó a regresar a la capital para solicitar un permiso. El ansia del momento le hizo más que audaz, temerario, ya que una vez en las dependencias ministeriales pidió, directamente, que le dejaran ver al ministro, mientras enarbolaba su carnet de prensa que le facultaba como corresponsal extranjero. Como él mismo haría notar, era insólito presentarse de esa guisa a hablar con un ministro sin previo aviso y sin que este le hubiera convocado, pero, para su sorpresa, el barón Gábor Kemény le recibió con todo tipo de parabienes y unas formas que le causaron una total estupefacción:[164]

164. Eugenio Suárez, *Corresponsal en Budapest (1946)*, Fundación Mapfre, Madrid, 2007.

—Estoy muy contento de haber tomado parte en esta pacífica revolución. Mi madre [así textual], que siempre ha vivido en provincias, ha venido a verme para felicitarme por tan hermosa obra. Ha habido profundos cambios, pero nada ha afectado a la corteza. Nada se ha alterado de la vida pública y la transmisión de poderes ha tenido efecto en medio del general regocijo del pueblo, que nos esperaba.

Suárez no dio crédito a lo que estaba escuchando, hasta el punto de juzgarlo casi como una burla, pero el barón siguió con su discurso:

Verá, nosotros no queremos que se nos considere excesivamente ligados a Alemania. Nuestro movimiento tiene hondas raíces magiares y solo accidentalmente nos encontramos, hombro a hombro, con nuestros potentes aliados [...].

Lo que en realidad quería Suárez era marcharse de allí cuanto antes con la documentación que le faltaba, pero en un último servicio como excelente cronista de aquellos días de Budapest le inquirió «para los lectores de España» sobre su programa político:

No lo tenemos. Lo que queremos es terminar la guerra con la victoria, al lado de Alemania; lo demás se nos dará por añadidura.

Kemény, el joven de veintiocho años que aún creía en la victoria, era con quien tenía que lidiar Sanz Briz durante ese agónico mes de noviembre en el que la destrucción de los judíos alcanzaba sus penúltimos estadios.

Cabría pensar que la falta total de juicio era una ventaja para las negociaciones, pero debió de ser como intentar hacer valer el racionamiento más elemental en un frenopático. Quizá por eso todavía creían que el encargado de Negocios gestionaba el reconocimiento internacional de su Gobierno. Sea como fuere, después de sus constantes protestas, los días siguientes consiguió arrancar un permiso el día 16, por el cual un miembro de la legación quedaba autorizado a ir a buscar a los «judíos españoles» al lugar donde estaban siendo retenidos.

De momento los habían reunido en una fabrica de ladrillos en la parte de Óbuda, el característico campo de internamiento como punto de recolección antes de las deportaciones. No se sabe si fue el propio Sanz Briz en persona o alguien de la legación, probablemente el propio abogado Farkas, el italiano Perlasca, o incluso que hicieran varios viajes, pero lo cierto es que se movilizaron hasta la fábrica de Óbuda y según al menos el testimonio de Eva Lang, recogido por la escritora húngara Erzsébet Dobos en su obra *Salvados*, leyeron los nombres por megafonía:

Llegamos a la fábrica de ladrillos. Aquello era un lugar para secar los ladrillos. Una especie de nave cubierta con columnas, estaba vacía. Era de noche cuando llegamos. La oscuridad de noviembre. Había muchos cruciflechados, oíamos tiros, gritos, la madres muertas de miedo [...]. Y llegó la madrugada. Y de repente por la megafonía se oían nombres, entre ellos los nuestros: señora de Pal Lang Eva Konisberg, Veronka Berger, Agnes Konisberg. No entendíamos de dónde venía porque era muy temprano, había niebla, pero luego, a lo lejos, vimos un coche tirado por caballos y arriba un hombre con el megáfono, gritando nombres, unos seis, siete más además de los nuestros. Era el coche de la Embajada de España. Resulta que el novio de una chica que tenía carta de protección española, fue corriendo a la embajada y también mi cuñado, el hijo de un protestante, para avisar a la embajada de que algunas protegidas, a pesar de tener documentos fueron llevados por los cruciflechados y estaban en la fábrica de ladrillos.[165]

Sanz Briz envió un telegrama la misma noche del 17 a Madrid explicando que habían conseguido salvar de la fábrica de Óbuda a 70 personas. Sin embargo, los planes para la deportación continuaron de forma imparable. Los protegidos de los neutrales al menos tenían una posibilidad, porque otros miles, sin ningún papel, estaban condenados a una nueva tortura. Si en primavera consistió en aprisionarlos hasta la asfixia en los vagones repletos de gente, con escasa agua y sin ningún espacio, casi ni para respirar, ahora iban a soportar las inclemencias del invierno húngaro en interminables caminatas, durmiendo casi al raso, con ínfimas raciones de comida, en unas condiciones atroces. Se iban a sumar, irremediablemente, a los que habían sido deportados y asesinados en Auschwitz unos meses antes. Solo que el campo de exterminio se estaba desmantelando y Heinrich Himmler, el máximo jefe de las SS, estaba muy cerca de abandonar el plan de la Solución Final, pero Eichmann se resistía en cambio a renunciar a su *Judenrein*. El mismo 16 de noviembre llegó una comitiva de las SS a Budapest con el

165. Testimonio de Eva Lang, UHSM Shoah Foundation, citado por Erzsébet Dobos en *Salvados*.

comandante de Auschwitz Rudolf Höss a la cabeza. A pesar de dirigir el mayor centro de asesinatos masivos que haya conocido la humanidad, a Höss le desagradó la dantesca caravana de la muerte y el tétrico espectáculo de los cadáveres apilados que iban quedando abandonados por las cunetas, fruto de las infames marchas. De alguna manera, no encajaba en su cerebro que se matara de forma tan desagradable, cuando existía una perfecta maquinaria que los hacía desaparecer a decenas de millares en un solo día. Heinrich Himmler, que había sido informado, dio la orden de que se detuvieran las marchas.[166] Eichmann había salido de Budapest temporalmente, pero antes de marcharse volvió a cambiar las normas que limitaban la edad. Quería que los niños de hasta diez años fueran también incluidos. Kurt Becher, oficial de las SS en contacto con Himmler, le dio la orden de que pusiera fin a esas medidas y, ante la amenaza de un informe a su superior, este desistió, pero solo por unos días. El 21 regresó a Budapest y dio orden de continuar con las marchas. Sí, cabía la posibilidad de extralimitarse incluso en la Solución Final. El mayor desasosiego es que fuera posible que los nazis concibieran que, a pesar de todo, podía haber límites que era mejor no traspasar. Judith Konrad fue una de las que sufrió las iniciativas de Eichmann. Primero fue obligada a formar parte de los servicios de trabajo y después conducida a pie hasta Austria.[167]

Mi madre había conseguido un documento suizo para mí, pero en esas mismas fechas fui llevada a un

---

166. Rudolf Kastner, *The report of the Budapest Jewish Committee, 1942-1945*, United States Holocaust Memorial Museum.

167. Entrevista con Judith Konrad, Winchester, mayo de 2016.

campo de concentración. Ella se puso a buscarme y pidió ayuda, pero yo era una de las que habían sido obligadas a caminar desde Budapest hasta Austria, las marchas de la muerte que había ordenado Eichmann. Esto fue sobre el 23 de octubre. Estábamos separadas de los hombres y formábamos un grupo que iba desde chicas de 16 hasta mujeres de 40. Al principio nos habían puesto a trabajar cavando zanjas y trincheras para la defensa de Budapest durante dos o tres semanas. Después fuimos llevadas a una fábrica de ladrillos en Buda y desde allí fuimos obligadas a realizar la marcha. No recuerdo cuántos kilómetros fueron, pero sí que duró al menos una semana... hay unos doscientos kilómetros hasta la frontera, pero en línea recta, no por una carretera principal... pero no lo puedo recordar con exactitud, pero era muchísimo, creo que 40 kilómetros al día... cuando llegamos a un pueblo cerca de la frontera austríaca, pero todavía en Hungría, nos obligaron otra vez a cavar zanjas y trincheras durante tres semanas en unas condiciones horrorosas porque era ya noviembre. Hacía mucho mucho frío y dormíamos en una especie de establo donde guardaban la paja y la comida para los animales... uno de los lados estaba totalmente abierto, así que el frío era espantoso... Desde allí ya nos llevaron en tren hasta Austria y de verdad que entonces de repente éramos felices, íbamos cantando y todo después de lo anterior, porque pensábamos que era mejor estar con los nazis alemanes que con los húngaros. Nos habían guiado los del Partido de la Cruz Flechada, cuyos miembros eran estúpidos sin educación y sumamente crueles, eran peor que los animales, así que casi agradecimos que nos llevaran con los alemanes. Después del viaje en tren nos agruparon en una fábrica a unos nueve kilómetros de Viena; no teníamos ni camas, y estuvimos allí desde mediados de diciembre hasta el 2 de abril, cuando nos liberaron los rusos.

Judith tenía papeles suizos que no le sirvieron de nada porque, tal y como le explicó el propio ministro Kemény a Sanz Briz, las milicias no los respetaban. Entre otros, también fueron conducidos de nuevo varias decenas de los que portaban documentos de protección de la legación española, lo que obligó a Sanz Briz a movilizar su capacidad de persuasión para impedir que se los llevaran. Esta vez ya habían comenzado las terribles marchas hacia la frontera. Gábor Kemény aseguró al encargado de Negocios que se respetarían los documentos españoles y delante de él telefoneó al responsable de las deportaciones para que designara a un oficial que acompañara a un empleado de la legación hasta la caravana y pudiera traer de vuelta a los judíos que portaran las cartas de protección españolas.[168]

Así llegó el abogado Zoltán Farkas con el capitán de la policía Batizfalvy, sin cuya presencia habría sido imposible arrebatárselos a los Nylas.[169] El oficial sería uno de los pilares de las operaciones de salvamento durante los peores meses de la persecución y asesinato de los ju-

168. Secretario de la Embajada de España, Budapest, Sanz Briz, al ministro de Asuntos Exteriores, FNFF, Leg. 202.

169. Arcadi Espada, *En nombre de Franco*. El historiador alemán Bernd Rother no está seguro si fue Zoltán Farkas o Giorgio Perlasca, pero es más probable que fuera el primero debido a que sabía húngaro y conocía al capitán de la policía.

díos. Colaboraba con los representantes de los países neutrales hasta el punto de ejercer de anfitrión en una de sus reuniones a la que, según las actas, asistió el propio Farkas[170] en representación de España. Precisamente, buscaban la forma de detener las infames caravanas de la muerte, o al menos de rescatar a algunos de ellos. Farkas volvió con treinta, tal y como informaría Sanz Briz por telegrama al día siguiente:

> Con referencia a mi telegrama 149, gracias a la intervención de este Ministerio de Negocios Extranjeros se ha podido poner en libertad y hacer regresar a Budapest a unos 30 judíos protegidos España de los que, a pie, eran conducidos a Alemania.[171]

No somos conscientes de ello, pero los carnets de identidad que llevamos despreocupadamente en nuestras carteras son extremadamente valiosos. El pasaporte que tenemos en algún cajón lo es más. En las listas que se publican de los ciudadanos que más facilidades tienen para moverse por el mundo, los países europeos, además de Estados Unidos, copan los primeros diez puestos. España entre ellos. Con un pasaporte expedido en una de esas fronteras se puede entrar y salir de casi cualquier lugar. El pasaporte de un afgano, en cambio, abre muy pocas puertas; el sirio, menos. La guerra les deja dentro o en un limbo que no tiene nada de incorpóreo y todo de miseria. En el otoño de 1944 en

---

170. Bernd Rother, *Franco y el Holocausto*, Marcial Pons, Madrid, 2005.
171. Telegrama de Sanz Briz al Ministerio de Exteriores. Budapest, a las 20.19 h del 21 de noviembre de 1944, AGA, 82/5.246.

Budapest, esos documentos, un pasaporte provisional expedido en francés y con la firma de Sanz Briz no servían para ir a ninguna parte, pero al menos podían garantizar la vida. No eran, sin embargo, infalibles, como tampoco los de las embajadas sueca y suiza. Las cartas de protección, el otro papel que podía detener a la muerte, tampoco. Los Nylas continuaron acosando a los judíos protegidos hasta sacarlos de las casas donde se refugiaban, tuvieran estas la banderas que tuvieran en la fachada.

Encerrados en los ataúdes de hormigón

El mismo día que el abogado Farkas y el capitán Batizfalvy acudían a las caravanas de la muerte, el barón Gábor Kemény, ministro de Exteriores húngaro, convocó a los delegados de los países neutrales para informarles de la nueva normativa respecto a los judíos: recluirlos en un gueto.

Este ministro de Negocios Extranjeros ha reunido representantes países neutrales dando lectura a un memorándum explicando manera este Gobierno a resolver problema judío. Los judíos protegidos por los países neutrales serán concentrados en un geto (sic) especial hasta el momento de su traslado a los países protectores. Se les permite pasear por la calle del geto de (ilegible) a nueve de la mañana. Los no protegidos y hábiles para el trabajo serán «prestados» a Alemania. La suerte definitiva será resuelta al final de la guerra. Los demás quedarán concentrados en un geto. Se señalan algunas excepciones para los judíos que han prestado servicios especiales y para los sacerdotes cristianos de origen judío.[172]

Los cruciflechados iban a derribar la última de las barreras que aún quedaban sobre la implementación de la solución al «problema judío» en Budapest. Para ello, decidieron construir el espacio físico que los recluyera definitivamente. Las casas de la estrella amarilla se habían constituido como guetos en miniatura, cerca unas de otras, un espacio fijo pero discontinuo, en el que las líneas invisibles les segregaban. La estrella de David en el pecho y el toque de queda por la mañana y por la noche se habían paliado someramente, porque en algunos de los inmuebles mantenían una arbitraria convivencia con los húngaros no perseguidos, que en muchos casos rehusaron abandonar sus viviendas. No era raro que ayudaran a sus vecinos haciendo compras y gestiones durante las horas de reclusión, además de compartir sus recursos. El confinamiento entre los muros del nuevo gueto iba a poner fin a todo eso, condenando a la mayoría a la hambruna, las enfermedades y el más grotesco abandono. Las condiciones empeorarían día tras día con el avance de las tropas rusas y el progresivo cerco sobre la ciudad. Cuando comenzó a faltar absolutamente de todo en Budapest, en el gueto ya había dejado de existir con anterioridad.

El Gobierno húngaro categorizó por esas fechas a los judíos en seis tipos diferentes, ignorando en este caso las demandas de Eichmann, lo que enfureció al Obersturmbannführer. La obsesión de Szálasi por obtener el reconocimiento internacional de su revolución abrió una pe-

172. Telegrama de Sanz Briz al Ministerio de Exteriores. Budapest, a las 17.08 h del 22 de noviembre de 1944, AGA, 82/5.246.

queña brecha con los nazis.[173] Sirvió tanto para que se respetaran esas distinciones —que salvaron vidas— como para detener, a finales de noviembre, las marchas de la muerte. En ambos casos, la presión de los países neutrales fue clave. Además de los protegidos por las legaciones estaban los que debían ayudar al esfuerzo de la guerra, que eran los incluidos en el servicio de trabajo forzado y entregados después a los nazis para las caravanas de la muerte, los que portaban algún certificado de exención, los sacerdotes católicos o protestantes conversos, los extranjeros, siempre y cuando pudieran probar debidamente la nacionalidad, que no podía haber sido concedida después de la invasión del 19 de marzo, y por último, el común del resto, la inmensa mayoría, que serían encerrados en el gueto.[174]

La miseria ahogó Budapest entre diciembre y febrero, pero cuando finalmente entraron los rusos, el histórico barrio judío se había convertido en un espacio sencillamente inhumano. Sin embargo, hubo una excepción: de forma análoga a la experiencia de las casas de la estrella amarilla, Szálasi había diseñado un gueto internacional, con el beneplácito de los nazis, para dar cabida a los miles de judíos protegidos por las delegaciones de los países neutrales. Aunque no quedaría sellado, se concentró sobre la zona de István Park, en las orillas del Danubio, a la altura de la isla Margarita y su bello puente. Entonces era una zona de nueva construcción y había

173. Zoltán Vági, László Csősz, Gábor Kádár, *The Holocaust in Hungary: Evolution of a Genocide (Documenting Life and Destruction: Holocaust Sources in Context)*, Altamira Press, United States Holocaust Memorial Museum, 2013.

174. Tim Cole, *Holocaust City: The making of a jewish ghetto*.

edificios vacíos, por lo que se decidió que se concentraran allí a expensas, claro está, de las legaciones, que debían sufragar su mantenimiento y pagar los alquileres. Las casas protegidas no eran, por tanto, anejos a las legaciones, pero tenían la consideración de extraterritorialidad, en teoría, de forma similar a las instalaciones oficiales como el edificio de la calle Eötvös de España. Sin embargo, el hecho de estar situadas en un gueto organizado por las propias autoridades diluyó esa garantía de considerarse terreno español. La prueba es que fueron asaltadas numerosas veces y el edificio de la legación no. Las únicas viviendas que habían funcionado con anterioridad como anejos de una embajada habían sido unos inmuebles alquilados por la embajada sueca a instancias de Raoul Wallenberg, que fueron establecidas con antelación a la designación del gueto internacional.[175] El propio Sanz Briz explicaría, en su informe desde Berna, cómo fueron adjudicadas por el Gobierno húngaro en función del número de protegidos que reclamaba cada misión extranjera, lo que denota, además, que tenían las listas o al menos una estimación del número de documentos expedidos. No se asignaron grandes espacios tampoco:[176]

En ella fueron asignados un determinado número de inmuebles a las respectivas legaciones que tenían protegidos, en proporción a la cuota de judíos reconocida por las autoridades húngaras a cada una de las

175. Per Anger, *With Raoul Wallenberg in Budapest*.
176. Informe de Ángel Sanz Briz: Sobre protección judíos realizada por la Legación de España en Budapest, Berna 13 AGA, 82/5.247.

legaciones. Como el número de judíos protegidos era en todos los casos notoriamente superior al de la cuota reconocida por el Gobierno, resultó que las casas destinadas a albergarlos eran insuficientes, con lo que se ha producido un verdadero hacinamiento, origen de enfermedades e incomodidades, pero en todo caso preferible a la deportación o al campo de concentración.

Sobre el papel debían ser unos 15.600[177] para una habitabilidad que no superaba las 3.969 personas en total. Como explicaba Sanz Briz, existían muchas más cartas de protección de las que creía el Gobierno, había que sumar los que portaban documentos falsificados y a los que carecían de cualquier papel y que se refugiaron allí esperando sortear alguna de las numerosas redadas. En el caso español, una de las dificultades a las que tuvo que hacer frente Sanz Briz se debió a que, como existía una gran desproporción entre los 300 pasaportes que el Gobierno húngaro había autorizado y el verdadero número de protegidos entre los documentos colectivos y las cartas de protección, la policía reclamó que se evacuaran de las casas españolas los que sobraban según sus cálculos:

Para evitar esta posibilidad envié una nota al Ministerio de Negocios Extranjeros en la que expuse que la protección de los sefardíes era política tradicional de las autoridades españolas; que dicha protección había sido siempre respetada por los países europeos en los que se había planteado el problema judío, y a este respecto cité los casos de Bulgaria y

177. The Holocaust in Hungary: Evolution of a genocide.

Rumanía. Por último, añadí que el propio Gobierno alemán, en su calidad de potencia ocupante, había respetado, a petición de las autoridades españolas, a los judíos sefardíes, imponiendo como condición el que fueran transportados a España. Como esta condición había sido aceptada por el Gobierno español con respecto a los judíos protegidos en Hungría, esperaba que las autoridades nos concederían las mismas facilidades en nuestra gestión que las otorgadas por el Gobierno del Reich. Hice, además, notar la injusticia que supondría hacer una diferenciación de tipo puramente cuantitativo, permitiéndosenos proteger a un número de personas, dejando indefensas a otras que tenían idéntico derecho a iguales lazos con España.

La alusión a las buenas relaciones diplomáticas de España con los nazis lograron convencer a Gábor Kemény y ganar algo de tiempo a Sanz Briz para evitar las deportaciones, pero, cuando estas acabaron, el peligro siguió siendo una constante en la vida de los judíos en el pequeño gueto. Aunque tenía características especiales, estaba bajo la autoridad del capitán de policía Zoltán Tarpakaty,[178] mientras que su organización interna corría, al igual que en el caso del otro gueto, a cargo del Consejo Judío. Tarpakaty se encargó de endurecer las condiciones permitiendo los continuos ataques de los Nylas con los más variados pretextos. Fueron habituales los asaltos para sacar judíos de las casas, romper sus documentos y, en el peor de los casos, llevarlos al Danubio

178. Randolph L. Braham, *The politics of Genocide: The Holocaust in Hungary*, Wayne University Press, Detroit, 2000.

para ejecutarlos al borde del río.[179] La práctica consistía en atar a varios judíos con una cuerda, después de haberles desprovisto de sus valiosos zapatos y disparar a uno de ellos, generalmente el del centro, que arrastraba al resto al fondo de las aguas. Enrique Vándor estaba refugiado con su hermano Jaime y su madre Anna en el número 35 del parque Szent István. Allí sufrieron los angustiosos momentos que se vivían cuando aparecían los Nylas:

En las casas se pasaba mucho miedo porque era muy habitual que vinieran los cruciflechados a buscarnos para llevarse a los que no tuvieran papeles, incluso a los que sí los tenían. Cada vez que aparecían se palpaba la angustia. Entonces, el portero, que era el único que tenía teléfono, llamaba a la legación española para avisarles de la redada y venían en coche bastante rápido porque no estaba muy lejos, a unos 15 minutos. Sin embargo, en el intermedio había gente desesperada. Un día, en una de las veces que aparecieron los Nylas, una señora subió hasta el último piso y, antes de que pudiera ser detenida, se lanzó a la calle. Yo no lo presencié, pero nuestro piso estaba justo en el entresuelo que daba a la calle y escuché el golpe cuando cayó al suelo. Nunca he olvidado ese sonido.[180]

Las casas españolas contabilizaron, sin embargo, menos ataques que las de otras legaciones, en parte por la proporción y porque, según algunos de los supervivien-

179. *Ibidem.*
180. *Ángel Sanz Briz, el Schindler español*, Antena 3, director, Francisco Jiménez.

tes, los Nylas respetaban algo más al gobierno aliado de Franco, los que sabían que existía. Una de las razones estribaba, además, en que Sanz Briz se preocupó por forjar buenas relaciones con los miembros al mando de la Cruz Flechada para influir en la consideración hacia las casas que protegía la legación de España. En 1963 le explicaría a Isaac Molho que sobornó a uno de sus altos cargos para ganarse su simpatía y que de esta forma pudieran impedir los asesinatos:

Por los periódicos me enteré de que había sido nombrado un nuevo *Gauleiter* para Budapest y su provincia y, al verlo, decidí hacerle una visita de cortesía ya que de su buena o mala voluntad dependería el éxito de mi gestión. Un buen día fui a verle acompañado de un intérprete, y fui recibido por dicho señor, cuyo nombre he olvidado, en forma descortés y hasta brusca. Sus primeras palabras, proferidas en tono muy destemplado, fueron: «¿A qué ha venido usted aquí?» Le contesté con suavidad y corrección que mi presencia en su despacho obedecía únicamente al deseo de hacerle una visita de cortesía, ya que, en su calidad de autoridad importante en Budapest, creía era mi deber ponerme en contacto con él. Mi interlocutor, ante mi respuesta, cambió súbitamente de actitud y en tono normal me dijo: «Perdone usted mi brusquedad, hasta la fecha todos los diplomáticos extranjeros que han venido a verme lo han hecho para protestar del trato dado a los judíos. Ninguno de ellos ha pensado en los sufrimientos que padecen los húngaros de las regiones de Transilvania y Besarabia, invadidos por los soviets, que han sido desposeídos de sus bienes y viven, dónde y cómo pueden, en la más absoluta miseria.» No eché en saco roto las observaciones del *Gauleiter* y, cuando volví a la legación de España, le envié una carta muy amable en la que incluía una importante cantidad de dinero con el ruego de que fuese utilizada para ayudar a los refugiados de las zonas de la Unión Soviética. Desde ese momento conté con la ayuda y colaboración más decididas de tan importante autoridad, quien dio orden expresa a sus milicianos de que respetasen todos los edificios en los que apareciese un cartel indicativo de ser anejos o dependencias de la legación de España [...]. En las puertas de esos edificios pusimos unos cartelones, escritos en húngaro y alemán, que decían: «Anejo a la Legación de España. Edificio Extraterritorial.» Y aunque parezca mentira, los Nylas respetaron esos edificios y cuando me llegó alguna queja de que alguno de sus ocupantes había sido detenido por la policía me bastó con una simple llamada telefónica al «gauleiter» para lograr se les pusiese en libertad y fuese reintegrado al edificio protegido por España.[181]

Sanz Briz no solo protegió a judíos en las casas bajo bandera española, también los alojó en las propias dependencias de la legación, y en su propia residencia, en villa Széchenyi. Ambas medidas las tomó sin contar con el permiso de las autoridades españolas, que teniendo en cuenta los antecedentes, se lo habrían negado. De haber sido descubierto por los cruciflechados habría tenido muchas dificultades a pesar de su inmunidad diplomática.

---

181. Carta de Ángel Sanz Briz a Isaac Molho, Nueva York, 19 de noviembre de 1963, Archivo de la familia Sanz Briz.

22

La peluquería de la avenida Andrássy

A apenas unos pasos de distancia de la legación española, en la misma manzana que hacen esquina la calle Eötvös y la avenida Andrássy, György Zsigmond regentaba una selecta peluquería que, además de estilizar el aspecto de los húngaros que tuvieran la suerte de poder gastarse unos cuantos pengos, servía como centro de información para el rescate de los judíos. En ese mismo tramo ya no queda rastro de ella, pero sí de un pequeño café de forma alargada en el que apenas caben tres mesas en fila, que, de no estar ahí, habilitarían el espacio indicado para unas sillas donde cortar el pelo. Desde la primera mesa que da a la puerta hay una estrecha pero generosa vista de la avenida Andrássy. Dejando correr la mirada hasta la otra acera de la amplia arteria, y cruzando su bello bulevar, un edificio atrapa la atención: el Museo del Terror. Bajo tan lúgubre referencia, el edificio, remodelado en los años noventa para la divulgación de los horrores cometidos en el país,[182] advierte de su

---

182. Está dedicado tanto al periodo del Partido de la Cruz Flechada como al de la policía represiva comunista, que se instaló en el mismo edificio al terminar la guerra.

antiguo cometido: la sede del Partido de la Cruz Flechada de Ferenc Szsálasi. György Zsigmond estaba estratégicamente situado entre la legación española y el nido del terror de los nuevos amos del país tras el golpe del 15 de octubre. Además de la granada clientela que acogía durante los meses del terror, György había contactado con Gaston, el hijo de Madame Tournée, que también trabajaba para la legación. Durante finales de noviembre y hasta la liberación de los rusos se encargó junto al italiano Perlasca del abastecimiento de las casas protegidas, que dependían de ellos para subsistir. La peluquería, desde donde György Zsigmond cooperaba en los esfuerzos de la legación, no era el único negocio a cargo de los Zsigmond. Su mujer Györgyne, aunque todos la conocían como «Liz», era la encargada de una pequeña tienda de comestibles en la que vendían productos básicos como pan, leche, huevos y que estaba en la calle Tátra, 12, es decir, en el gueto internacional. La historia de los Zsigmond surgió a través de una de las exposiciones sobre Sanz Briz que organizó la embajada en España para honrar su memoria. Los datos que allí se exponían acabaron detonando el recuerdo de dos familias, los Zsigmond y los Sorg, que arrojan luz al funcionamiento de las casas españolas. Aranka Tóth tenía dieciséis años y vivía con su tíos Liz y György Zsigmond. Trabajaba en la tienda que sirvió como punto de abastecimiento para algunos de los edificios. Los Zsigmond estaban en contacto y cooperaban con Gaston, mientras que Aranka hacía los recados dentro del gueto internacional. Su deber era entregar paquetes pequeños de comida a las casas protegidas cercanas (calle Katona Jízsef y muelle Ferenc József).[183] La acti-

183. Carta de Aniko Polcz al embajador de España en Budapest, José Ángel López Jorrín.

vidad de la tienda fue peligrosa, porque el acaparamiento de mercancías fue perseguido, ya que estaba en vigor un sistema de abastecimiento racionado. Era vital porque a los habitantes de las casas protegidas les afectó el toque de queda. Aranka y los Zsigmond eran las pequeñas pero relevantes piezas de una operación que no había acabado con el internamiento de los judíos en las casas bajo la bandera española. No solo estaban obligados a no salir durante unas horas cruciales del día, sino que ya no salían nunca porque el riesgo de ser atacados por los Nylas era constante. Estaban hacinados y dependían de la ayuda exterior para subsistir, lo que no siempre era posible. En el caso de la embajada de Suecia, que había repartido pasaportes y cartas de protección a unos 7.000 judíos, mantener ese nivel de abastecimiento, a pesar de que disponían de más recursos que Sanz Briz, era difícil. Suecia disponía de 30 casas, España de ocho. El esfuerzo, pues, para proporcionarles alimentos y combustible para la calefacción fue descomunal. Giorgio Perlasca y Gaston se encargaban a menudo de estas tareas, fruto de lo cual en muchos testimonios los supervivientes recordarían al italiano y no a Sanz Briz.

Las amenazas para los protegidos no solo vinieron del Gobierno, sino de diferentes grupos armados incontrolados de los cruciflechados. Y así conocí a Perlasca. Él repartía alimentos entre los protegidos de las ocho casas españolas, y una vez me llamó alguien. Yo tuve que ayudar y participar en el reparto de los alimentos entre los protegidos de esta casa. Lo mismo hizo varias veces en otras casas; entonces no lo conocía por el nombre, pero tiempo después me dijeron que era Perlasca.[184]

184. Entrevista a Ivan Harsányi, Budapest, junio de 2016.

Los esfuerzos de la legación y de la segunda línea formada por los Zsigmond, así como otras ayudas ocasionales paliaron la situación de extrema necesidad, lo que no significa que no se tuvieran grandes dificultades. Los supervivientes coinciden en señalar las grandes estrecheces, pero también que no hubo tampoco hambruna, por lo menos durante las primeras semanas: «Cada vez con más hambre y cada vez más gente en el piso, de 18 personas a 24 y luego 26, lo cual para un piso de dos habitaciones es todo menos cómodo. Me acuerdo de que yo dormía en una cómoda con los pies colgados. Vivíamos así, aguantando, con dificultades, pero pasar hambre... eso solo al final. Es curioso, pero en realidad, hasta el último momento nos apañábamos con la poca comida que recibíamos.»[185]

Las condiciones en el gueto ordinario fueron en los inicios mucho peores. A diferencia del internacional, estaba rodeado por una verja y totalmente sellado. La tasa de mortalidad aumentó diez veces por encima de lo que había sido la norma antes de la guerra. Si en la zona internacional pasaban penalidades, en el gueto se vivía en medio de unas condiciones inhumanas: escasez de comida, medicinas, ausencia de calefacción e incluso el agua corriente. Morían por inanición, falta de atención médica y numerosos suicidios, sin contar con que tanto los Nylas como las tropas de las SS entraban impunemente en ocasiones para realizar matanzas, no en el Danubio, sino en las propias casas. En la calle Wesselényi, por ejemplo, según relataría Béla Berend, miembro del *Judenrat*, uno de estos comandos apareció el 12 de enero

185. Testimonio de Tamás Bosnyák en Erzsébet Dobos, *Salvados*.

en el edificio y, tras bajar al refugio antiaéreo buscando judíos, encontraron a un grupo al que vejaron, robaron y asesinaron: «efectuaron unos disparos al aire con ametralladoras, justo después dispararon uno detrás de otro, hasta el punto de asesinar 26 mujeres, 15 hombres y un bebé, la mayoría con disparos en la cabeza que quedaron allí tendidos». Era difícil dar sepultura a los cadáveres, porque el cementerio se encontraba ya en la zona ocupada por los soviéticos y el suelo estaba tan helado, que era imposible cavar un hoyo. Los apilaron en el patio que hay a uno de los lados de la gran sinagoga. Aun así, muchos judíos que carecían de documentación y se habían escondido durante el establecimiento del gueto decidieron entrar voluntariamente, porque a pesar de todo se sentían más seguros allí que en la ciudad.

23

Las casas españolas

El 8 de diciembre, un día después de salir de Budapest, Jenő Sorg, «Herr Direktor», recibió una carta de la legación española firmada por Ángel Sanz Briz. Según el original, que está escrito en alemán, el diplomático expresaba su agradecimiento al empresario por la colaboración en la protección de judíos en las calles de Budapest.

Usted ha tenido la bondad de ayudar a esta legación consiguiendo nuevas casas para nuestros judíos protegidos, interviniendo en su interés ante estas autoridades y, gracias a todo ello, hemos podido ofrecer protección a 500 judíos adicionales. Le agradezco sus amables y abnegados esfuerzos. Asimismo le agradecemos los alimentos y combustibles que ha conseguido para nuestros judíos protegidos y el dinero que les donó.[186]

186. Carta de la legación española firmada por Sanz Briz dirigida a Jenő Sorg, 8 de diciembre de 1944, Archivo László Sorg.

Durante más de 70 años, el documento había dormido en Argentina, hurtando a su destinatario el relato que le sitúa junto a Sanz Briz en los acontecimientos de 1944. Junto a la carta escrita en alemán, su hijo László encontró otra en francés también firmada por Sanz Briz, esta con fecha del 2 de diciembre de 1944 dirigida a Zoltán Bagossy, secretario de Estado del Ministerio de Negocios Extranjeros húngaro. En ella el encargado de Negocios expresa que, «a pesar de la guerra, las relaciones comerciales entre Hungría y España son mejores que nunca [...]. Creo firmemente en que existe un sincero deseo de retomar las relaciones económicas cuando termine la guerra. Hemos proyectado para ello una serie de planes necesarios para la organización, porque esa es nuestra intención para cuando las fronteras ahora cerradas se vuelvan a abrir [...]. Para su ejecución he designado a mi amigo Jenő Sorg, que los últimos años ha probado su valía tanto para el aspecto comercial como para el industrial...».[187]

El objetivo de la misiva no era, desde luego, estrechar los lazos comerciales con Hungría. A fecha 2 de diciembre y con el Gobierno de Szálasi a punto de salir de Budapest y las tropas soviéticas inmersas en una ofensiva que amenazaba con rendir la ciudad en cuestión de semanas, no se planeaba ninguna acción conjunta entre ambos gobiernos. En lenguaje diplomático, la carta de Sanz Briz podía servir para dos cosas. La primera, mantener la ilusión de que España seguía considerando al Gobierno de los cruciflechados y que el reconocimiento llegaría pronto. Cuanto más creyeran los funcionarios

187. Carta de Ángel Sanz Briz a Zoltán Bagossy, ministro de Interior húngaro, 2 de diciembre de 1944 Archivo de László Sorg.

en esa posibilidad, más fácil sería hacer valer ante las autoridades los documentos de protección y la extraterritorialidad de las casas españolas. La segunda, que la designación del empresario como intermediario de la legación le garantizase cierta seguridad en caso de estar en peligro. Puede que sirviera para ambas.

Jenő Sorg, el hombre que supuestamente designaba Sanz Briz como intermediario para futuros negocios, era propietario de una de las industrias más importantes del país durante la guerra. La Sorg LTD, que constituía un entramado de varias empresas, fabricaba coque, un combustible derivado del carbón, con mejores propiedades, cuya demanda había repuntado por la escasez de petróleo, las necesidades de la industria bélica y el bloqueo comercial de los países del Eje. Jenő hablaba español, una rareza entre los húngaros, porque había vivido en Argentina con su hermano durante los años veinte. Ambos eran ingenieros y, a pesar de disponer de las industrias familiares, habían emprendido la aventura americana para explorar nuevos mercados. Jenő, sin embargo, se cansó de Argentina y decidió volver a Budapest, prácticamente a tiempo de que estallara la guerra. No se sabe cómo conoció exactamente a Sanz Briz, pero la casa familiar acogió numerosas fiestas durante los días en los que la pesadumbre de la guerra, la ocupación nazi y el terror a los soviéticos todavía no eran los primeros pensamientos de cada día. La mansión de los Sorg estaba en una de las mejores zonas de Pest y, según los escasos recuerdos de László sobre conversaciones escuchadas años más tarde, a ella acudían «importantes personalidades, empresarios, diplomáticos como el italiano...».[188] No se

---

188. Entrevista con László Sorg, hijo de Jenő Sorg.

referían a Giorgio Perlasca, porque durante el tiempo que se hizo pasar por miembro de la legación española ya no había fiestas, ni música, ni baile en ningún rincón de la ciudad. Quizás Ángel y Adela acudieran a alguna de estas veladas, o quizá se conocieran más tarde. Al igual que en la familia Sanz Briz, los recuerdos de László y la memoria de sus padres sobre Budapest se diluye inevitablemente. Es, como en otros aspectos de esta historia, una incógnita.[189] Existen algunos documentos, en concreto dos cartas, que demostrarían la colaboración que ambos hombres desplegaron durante la debacle de Budapest entre octubre y diciembre de 1944. El húngaro dejó, además, dos relatos de su periplo en los últimos meses de la guerra. Ambos fueron entregados a las autoridades militares de Estados Unidos en Landshut, Alemania, en 1945. Un cuestionario y una declaración jurada. Los dos son su estricta versión de los hechos.

Como a la mayoría de empresarios y propietarios de empresas prominentes, Jenő pronto sintió el aliento de los nazis tras la ocupación del 19 de marzo. A menudo todas las crónicas del yugo nazi comienzan, como es lógico, por la persecución, las detenciones, el estado de terror ante las denuncias, el encarcelamiento, las ejecuciones o las deportaciones a los campos. Pero el salvajismo del Tercer Reich no se limitaba a las palizas, las detenciones, las torturas o los asesinatos. Antes de desplegar su sinfonía del mal, destruían todos los cimientos de la sociedad existente y el orden establecido para controlar todos los resortes de la vida pública: la política, el comercio, las industrias, la prensa y la policía, y asegurarse, de

---

189. László me confesó que se arrepentía de no haber hablado más con su padre sobre los acontecimientos de Budapest.

esa forma, una nula respuesta ante su incontestable autoridad. Jenő Sorg no fue una excepción. Su industria pronto fue sometida a las mismas exigencias, coacciones y finalmente imposiciones, para que sus negocios y propiedades estuvieran al servicio del Tercer Reich, lo que, una vez terminada la guerra, como en el caso de tantos otros, les hizo sospechosos de colaboracionismo ante el examen de los vencedores.

Mucho antes de que los alemanes invadieran Hungría, Sorg experimentó el inconfundible sello de hacer negocios del voraz Hermann Göring, el industrial nazi, tercero en el escalafón del Reich, cuya desmesurada avidez por los lujos, el dinero y las obras de arte le convirtieron en el mayor expoliador que haya conocido la historia. Cuando los alemanes anexionaron Austria, la IG Faber de Göring se afanó en absorber los mayores negocios de la industria austriaca con las condiciones draconianas habituales, que no solo incluían la expropiación de las empresas de los judíos, sino también en imposiciones de carácter ventajoso y abusivo a los clientes, proveedores y socios que estos mantenían con otros empresarios. Para la producción de coque, las industrias de Sorg tenían un acuerdo de compra de carbón con la DDSG (Donau Dampfschiffahrts Gesellschaft), una empresa cuyo mayor accionista era el propio bávaro. El jerarca nazi la convirtió rápidamente en la nueva Hermann Göring Werke, cuyo nuevo director general, H. Dilg, amenazó a Sorg con suspender el contrato.[190] Las condiciones de los nazis para no suspender el envío consistían en que, primero, el

190. Declaración jurada de Jenő Sorg a los oficiales de Estados Unidos en Landshut, Alemania, en 1945. La copia la facilitó László Sorg.

empresario húngaro eliminase de su cadena comercial a la empresa Krause and Co., que distribuía el coque fabricado por Sorg y cuyo capital era cien por cien de propiedad judía. La segunda condición era que cediera directamente el 32 % de su propiedad a los alemanes, así como el 20 % a la empresa, también alemana, que estaba construyendo una nueva planta de coque para Sorg. Las condiciones estaban diseñadas, lógicamente, para que Sorg acabara perdiendo la empresa, ya que si la DDSG dejaba de proporcionar el carbón necesario y, dadas las restricciones de su producción, se veía obligado a buscar otro proveedor, su negocio habría quebrado. Como Hungría aún no era parte de los territorios ocupados, Sorg, que se negó a aceptar las abusivas condiciones de los nazis, fue a Alemania junto a su padre y su hermano y compraron ellos mismo el 20 % de la Didier Chamotte Werke para retener de nuevo el cien por cien de las acciones de sus industrias.[191] Si Jenő Sorg hubiera cedido en vez de arriesgar su fortuna y capital, no habría estado en condiciones, más adelante, cuando comenzó la persecución de los judíos en Hungría, para ayudar financieramente a Sanz Briz.

Las presiones de los nazis sobre Sorg no terminaron con los intentos de expolio de sus industrias. Sufrió también los ataques de la prensa afín a los nazis, que solo pudo atajar por medio de sobornos[192] lo que era necesa-

191. En su declaración, Jenő Sorg cita que todos los pormenores de su negociación con la empresa de Göring fueron comunicadas a K. Kadas, secretario de Estado del Ministerio de Industria, y que los informes se encuentran en los archivos del ministerio. Excede al objeto de esta obra el estudio de las operaciones de Göring respecto al expolio de la propiedad privada.
192. Desgraciadamente no se indican las fechas, pero la existencia de diarios alemanes como el de Pester Lloyd, pronazi, indican

rio, puesto que la mayoría de interpelaciones en la prensa se referían al hecho de que era una empresa en la que trabajaban numerosos judíos. Según las leyes ya en vigor, carecía del derecho a ejercer sus actividades profesionales. Sorg se negó a despedir a sus empleados, varios de ellos judíos, entre los cuales, el abogado, el agente de prensa y algunos ingenieros, lo que suscitaba que las autoridades húngaras amedrentaran y atacaran a menudo su negocio.

Pero los sobornos no acabaron con los ataques en la prensa. Tras un extenso artículo en la revista *Egyedul Uagynuk*, en la que se denunciaba que no hubieran sido recluidos o enviados a campos de concentración, el abogado, Heinrich Zsoldos, fue detenido.

Mr. Heinrich Zsoldos, que había sido nuestro abogado durante los últimos 37 años, fue llevado a un gueto desde donde le habrían deportado para ser gaseado. La policía había entrado en el patio de la casa de apartamentos donde vivía, donde ya les habían puesto en fila para ser trasladados. Conseguí en el último suspiro liberarlo y lo llevé inmediatamente a una de las casas protegidas por la legación española.[193]

Heinrich Zsoldos sobrevivió a la guerra y el 5 de enero de 1947 escribió a Jenő desde Budapest. Su carta está escrita con un tono en el que se intuye no solo la grati-

_____

que se refiere a una fecha posterior al 19 de marzo de 1944, cuando los nazis invadieron Hungría. (Ver capítulo 1, Thomas Konrad). Por otra parte, la operativa de los sobornos a los oficiales nazis concuerda con los testimonios de Kastner, Joel Brand y otros que utilizaron frecuentemente el método para conseguir mejores condiciones por parte de las SS.

193. Declaración de Jenő Sorg ante los estadounidenses, 1947.

tud, sino también el deseo de servir de ayuda a su antiguo protector.

Cómo podría olvidar todo lo bueno que hizo por mí y mi familia. Cuando hablo con mi esposa sobre los tristes días de la persecución aún sufre ansiedad al recordarlo. Puedo decir que sin ninguna duda le debemos nuestras vidas.

Según el relato de Sorg, arregló un encuentro con Sanz Briz, «primer secretario de la legación española», y le propuso organizar más casas protegidas, tal y como habían hecho los suecos y los suizos. No se sabe, porque no dejaron constancia ni él ni Sanz Briz, qué casas habría facilitado el empresario húngaro, pero sí el número, que fueron tres —tal y como aparece en la carta—, lo que explicaría por qué algunos testimonios de los supervivientes difieren en cuanto al número de casas que estuvieron bajo protección de la legación española, que algunos afirmaron que no fueron más de tres o, en otros casos, cinco. La investigadora húngara Erzsébet Dobos, en su magnífico libro *Salvados*, recopiló un gran número de crónicas de supervivientes de los archivos de Los Ángeles, Estados Unidos, y del USHMA, en donde explica la variedad de relatos y la disparidad de los números, aunque concluye que fueron ocho.

Es todo lo que existe sobre Jenő Sorg y el papel que jugó en la historia de Sanz Briz. Su versión de los hechos se sustenta íntegramente sobre su palabra, que solo corroborarían las cartas de Sanz Briz, además de la de Zsoldos, que no explica nada sobre su liberación. Las casas a las que se refieren las cartas podrían significar o bien físicamente la adquisición de nuevos edificios en la ciudad o inmuebles dentro del gueto internacional que no hubieran sido adjudicados. En el segundo caso, Sorg habría financiado la adquisición y Sanz Briz habría gestionado frente a los cruciflechados. No existe constancia de nada parecido salvo la carta escrita a Isaac Molho en la que Sanz Briz explica que «ayudado por un grupo de judíos amigo, pude alquilar varios edificios completos en Budapest, en los que fuimos albergando por una razón o por otra documentación española».[194] Si bien corrobora que recibió ayuda, la descripción no encaja con la de Sorg. Ambas declaraciones fueron realizadas frente a los estadounidenses; el interrogatorio y la crónica jurada de puño y letra son las únicas fuentes existentes. Explica que los detalles de sus operaciones financieras para eludir el asfixiante lazo de Göring y conservar sus empresas pueden ser consultados en el archivo de comercio de Hungría, pero no hay nada más que la carta que envió Sanz Briz para demostrar su participación en las casas protegidas. Sorg, además, era rico y se enfrentaba a la entrada de las tropas soviéticas y el peligro de la expropiación de sus empresas, como de hecho ocurrió. Un expediente como colaborador de los nazis o de los cruciflechados habrían sido aún más graves.

¿Escribió Sanz Briz la carta en alemán? Si la fecha es de 8 de diciembre, el español ya había abandonado la ciudad. No hay un acuerdo general, ni los documentos son precisos para establecer cuándo emprendió el camino a Suiza, pero las que le sitúan en Budapest no lo hacen más allá del día 7, es decir, el día antes.[195] La única razón

194. Carta de Ángel Sanz Briz a Isaac Molho, Nueva York, 19 de noviembre de 1963.
195. Arcadi Espada y Sergio Campos, *En nombre de Franco*, Crítica, Barcelona, 2013.

para que estuviera escrita en alemán es porque el propio Jenő Sorg le pidiera una carta sellada por la legación española en la que se afirmase la colaboración que había prestado. Todo lo que se sabe se fundamenta en las declaraciones que tuvo efectuar ante los aliados. En cuanto a las fechas y la firma, la única explicación racional es que se hiciera justo después de la marcha de Sanz Briz, con o sin su orden por parte de Zoltán Farkas. Existía un sello en la legación con la firma de Sanz Briz que es el que se empleaba para firmar todos los pasaportes y cartas de protección. El sello, de una forma u otra, siguió allí cuando se fue a Suiza, según el testimonio de Perlasca, quien aseguró haberlo utilizado para otorgar nuevos documentos.

24

El cónsul Perlasca

El ejército soviético comenzó la ofensiva sobre Budapest hacia principios de noviembre. En pocos días llegaron a 20 kilómetros de la capital, donde las tropas húngaras y las de las SS aguantaron el embate. Hacia finales de mes, sin embargo, las líneas alemanas resistían a duras penas el empuje soviético, que, ayudado por el ejército rumano, se había pasado a los aliados a finales de agosto. Los bombardeos eran diarios, pronto la metralla sería escupida sobre la ciudad por la artillería, no solo por la aviación. El Ministerio de Asuntos Exteriores de España había ordenado a Sanz Briz abandonar la capital antes de la llegada de las tropas soviéticas. La neutralidad era difícilmente defendible ante los rusos después de la abierta enemistad entre la URSS y el Gobierno de Franco y, sobre todo, debido al agravante que suponían los voluntarios españoles de la División Azul, que habían combatido junto a la Wehrmacht en el Frente Este. Sanz Briz corría verdadero peligro si se quedaba a esperar en la ciudad a las tropas soviéticas. Lo sabían en Madrid y lo sabía el encargado de Negocios. A su mujer Adela la tenían engañada sobre la situación. En octubre, había naci-

do su segunda hija, Paloma, noticia que le fue comunicada a Sanz Briz por vía oficial en un telegrama del propio
ministro. Con la presión del avance soviético, el Gobierno de Szálasi había decidido mudarse a Sopron, para lo
cual había requerido a las delegaciones extranjeras que se
trasladaran desde Budapest. La ilusión de un reconocimiento internacional, sin embargo, se había desvanecido
ya. Franco no estaba dispuesto a enviar a su representante a Sopron con el Gobierno, ya que hubiera podido in-
terpretarse como un gesto hacia Szálasi. A principios de
noviembre, Sanz Briz tenía el permiso de Lequerica para
abandonar Budapest por carretera hacia Viena en el momento que considerase oportuno y dejar en manos de la
Embajada sueca los asuntos de la legación. Después de
demorar su partida la primera semana de diciembre, las
noticias de una posible ruptura de las líneas alemanas
precipitó la marcha del Gobierno, que abandonaría la
ciudad el día 9. El día 7, en Berlín, el Ministerio de Asuntos Exteriores, que había sido informado de las actividades del español en la protección de «300 judíos húngaros», pidió explicaciones a Madrid sobre los motivos. El
Gobierno respondió con evasivas: la legación solo inter-
venía cuando se trataba de judíos españoles provistos de
«pasaportes en toda regla» o de los que tenían nacionalidad de países sudamericanos, con quienes se ejercía de
«potencia protectora».[196] Sanz Briz estimó que había llegado la hora de salir de Budapest después de seis meses
frenéticos en los que básicamente se había dedicado por
completo a defender a los judíos de la matanza que se
cernió sobre ellos. Durante ese tiempo vivió la invasión
de Alemania, la persecución y deportación de la última

196. Bernd Rother, *Franco y el Holocausto*.

comunidad judía de Europa, dos golpes de Estado y cuatro gobiernos. Informó del mayor secreto del Tercer Reich: el campo de exterminio de Auschwitz, desconocido entonces para el mundo, denunció las atrocidades de las SS de Adolf Eichmann y los secretarios Endre y Baky, que enviaron directamente a las cámaras de gas a casi medio millón de judíos. Combatió la persecución y segregación en Budapest en coordinación con los representantes de las embajadas de Suecia, Suiza, Portugal y El Vaticano y protegió bajo el amparo del Gobierno español a miles de judíos. Cuando abandonó la ciudad cumplía el compromiso con su Gobierno de que «la responsabilidad española terminaba con la llegada de las tropas aliadas».[197] Los rusos, sin embargo, tardarían aún dos meses en rendir Budapest, después de uno de los cercos más terribles de toda la guerra. El ejército húngaro y las tropas de las SS consiguieron a mediados de diciembre contrarrestar el avance soviético con una pequeña ofensiva que detuvo la pinza que se cernía sobre ellos. Fue una inútil e inesperada prolongación de la agonía. La suerte de la capital húngara estaba decidida desde hacía meses, pese a los titubeos del almirante Horthy y los últimos coletazos de Adolf Hitler. El sitio fue despiadado con los cercados, especialmente para los judíos, que habían sufrido ya lo indecible. En el caos que siguió a los últimos dos meses de la guerra continuaron los asesinatos. La carestía de todo condenaría a la muerte a muchos de los que evitaron a los Nylas y las SS. En la legación española quedaron el abogado Farkas, Madame Tournée y Giorgio Perlasca, además del chófer Radas y los refugiados judíos. Los empleados de la legación con-

197. Entrevista a Sanz Briz. *El Heraldo de Aragón*, 1947.

tinuaron la tarea de protección tratando de que el abastecimiento de las casas, cada vez más difícil, no se interrumpiera del todo, e impidiendo de tanto en tanto que los Nylas cometieran atrocidades. En esos días, Perlasca se hizo pasar por el sucesor de Sanz Briz y se cambió el nombre por el de Jorge, figurando como encargado de Negocios de España en un documento que falsificó él mismo. Mientras tanto, el español había salido del país vía Suiza y elaboraba en Berna el informe que resumiría para la posteridad la increíble labor humanitaria que desarrolló en Budapest. La historia, sin embargo, dejaría apartado el relato durante años. Cuando terminó la guerra, Perlasca se atribuiría un papel destacado en las operaciones de protección de los judíos en Budapest, por encima incluso del ejercido por Sanz Briz. Antes, le escribió una carta que el diplomático recibió en San Francisco, donde había sido destinado en abril de 1945 y a la que contestó de la siguiente forma:

No sabía que se hubiese hecho usted cargo de la legación. Conociéndole como le conozco, estoy seguro de que su actuación habrá estado siempre inspirada por su afecto hacia mi patria. Acepte usted mi más sincero agradecimiento. Y no espere usted nada de nadie, ni su Gobierno ni ningún otro reconocerá sus méritos. Confórmese usted con la satisfacción que da el haber hecho una buena obra y con haber podido capear el terrible temporal del que todos fuimos víctimas inocentes.

La suplantación no es del agrado de nadie. Perlasca envió un informe al Ministerio de Exteriores con sus actividades y se desprende que buscó alguna clase de compensación o mérito de sus acciones. Sanz Briz le contestaba que se contentara con haber sobrevivido al horror de Budapest y que disfrutara en soledad de la buena obra. No siguió el consejo. Sin duda, con su coraje y generosidad ayudó de forma crucial a la protección de los judíos, pero Perlasca pasó a la historia porque escribió sus memorias, donde se atribuyó prácticamente todo el protagonismo.[198] Es más probable que el abogado Farkas ejerciera el liderazgo tras la marcha de Sanz Briz. No solo no era un extranjero, sino que hablaba alemán, conocía las leyes, tenía contactos y disponía de experiencia en las cuestiones diplomáticas. El cuerpo de Farkas amaneció sin vida el 18 de enero en el mismo patio de la legación de la calle Eötvös. Tenía la cabeza agujereada por la metralla. Lo más probable fue que le alcanzara una granada durante el asedio. Ivan Harsányi, profesor de historia y uno de los supervivientes de las casas españolas recuerda que uno de los días más trágicos durante el sitio de Budapest, cuando Perlasca salvó personalmente a los judíos:

Vivíamos hacinados en una vivienda de tres habitaciones 35 hombres. Estábamos en la escalera, muy cerca del Danubio. Supusimos que iban a exterminarnos. Cada casa española tenía un comisario cristiano que llamó por teléfono a Perlasca. La delegación no estaba muy lejos de la casa. En cinco minutos Perlasca apareció, y con la ayuda del secretario (Perlasca no hablaba húngaro, pero sí alemán) explicó a los cruces de flecha que lo que ahora planteaban era una contradicción con su Gobierno, y después de

198. En su obra *En nombre de Franco*, Arcadi Espada analiza detalladamente la versión del italiano.

— 233 —

diez o quince minutos pudimos volver a las viviendas y los cruces de flecha se fueron.[199]

Anna Vándor y Helen Dévai situaron a Giorgio Perlasca como cónsul de la legación a principios de enero, un mes después de la partida de Ángel Sanz Briz y fruto de una sugerencia de Madame Tourneé.

El día 5 o 6 de enero de 1945, todos nosotros, excepto los mayores de setenta años, con nuestras pertenencias recogidas, tuvimos que formar en el patio para ser evacuados [...]; nuestra salvación se debe a György Bárdos, jurista, que era nuestro portero. Se vistió de cruciflechado y hacia las cuatro de la mañana fue a la legación de España. Estaban solo la secretaria Madame Tournée, su hijo Gaston y un hombre italiano que hablaba perfectamente en español, un exiliado político. La secretaria convenció al hombre de que actuara en nombre del cónsul, que ya había abandonado Budapest. El hombre vino a la casa, habló con los policías y consiguió negociar una demora de un día. Al día siguiente tampoco vinieron a por nosotros. Que sepamos, eso se lo debemos al señor Bárdos. Al hombre que salvó a 420 personas, cuando volvía la noche siguiente, los nazis lo detuvieron en la puerta, lo desnudaron y lo fusilaron.[200]

199. Entrevista con Ivan Harsányi, Budapest, 2016. Arcadi Espada, en su libro *En nombre de Franco*, mantiene la versión contraria: el «secretario», que sería Farkas, fue quien lidió con los oficiales húngaros, ya que hablaba el idioma además del alemán; Perlasca le habría acompañado.

200. Carta de Anna Vándor a la República Federal de Alemania, 1960. Consultada en *Salvados*, Erzsébet Dobos.

Las acciones de Giorgio Perlasca durante el invierno de 1944 le valdrían el título de Justo entre las Naciones, que le fue otorgado por el Yad Vashem. Sus memorias cayeron en el olvido hasta que fueron rescatadas a principios de los años noventa.

25

El nazi más buscado

Eichmann logró pasar desapercibido cuando cayó el Tercer Reich en 1945. Su nombre figuraba ya un año antes en todas las listas que se conocen de los criminales nazis. En la de la Agencia Judía de Palestina era el sexto de 94; el Congreso Mundial Judío inquirió sobre él durante los proceso de Nüremberg, y estaba ya también entre los servicios de inteligencia de Gran Bretaña y Estados Unidos. Primero se escondió en Austria y después fue a Roma, desde donde se hizo con documentos falsos a nombre de Ricardo Klement. Emigró a Buenos Aires, Argentina, donde se instaló en la comunidad alemana que vivía en la ciudad. Hizo amistad con Willhem Sassen, un periodista de filiación nazi que trabajaba en una revista llamada *Der Weg*, con quien conversaría largo y tendido sobre los viejos tiempos del Reich. Con Sassen grabaría varias horas de entrevistas en las que habló sin tapujos sobre sus antiguas responsabilidades como uno de los directores de la Solución Final. Entretanto, había encontrado trabajo como gerente en la fábrica de coches Mercedes.

Vivía con una identidad falsa, pero no agazapado. Hasta que en 1960 un comando del Mossad, el servicio secreto, lo localizó. Al menos esa fue la versión entonces, cuando las autoridades israelíes divulgaron la captura del teniente coronel de las SS. Los detalles comenzaron a desgranarse con los años conformando un relato novelesco con ingredientes melodramáticos de telefilm: a Eichmann lo localizaron porque su hijo Klaus se enamoró en Buenos Aires de Silvia Hermann, cuyo padre había emigrado huyendo de la persecución de los judíos a finales de los años treinta. Klaus y Silvia mantuvieron una relación amorosa hasta que su padre, Lothar, sospechó de los orígenes de su compatriota y descubrió la verdadera identidad de Ricardo Klement: Adolf Eichmann.

Lothar enviaría a su hija posteriormente a estudiar al extranjero —con gran sacrificio— para apartarla de la familia nazi. El primero en desvelar el origen de la identificación de Eichmann en Argentina, las revelaciones de Lothar y el papel de Fritz Bauer fue Michael Bar-Zohar en su obra *The Avengers* (1967), tal y como investigó la historiadora alemana Bettina Stangneth. Más tarde sería el propio Isser Harel, jefe del espionaje israelí en el momento de la captura de Eichmann, el que acabaría de dar forma a la historia en su crónica de la operación.[201] Pero era solo el principio de la densa madeja. Lo que se empezaba a conocer era que Fritz Bauer, fiscal general de Hesse, Fráncfort, había dado con el más anhelado de sus desvelos: una carta de Lothar Hermann confirmando desde Buenos Aires la identidad de Adolf Eichmann. El jurista judío había luchado en su país para derribar el muro de silencio que benefició el canciller de la nueva República Federal de Alemania, Konrad Adenauer. Lo que no ha-

---

201. Isser Harel, *La casa de la calle Garibaldi: La captura de Adolf Eichmann.*

bía trascendido cuando Israel abrió con el juicio de Eichmann en Jerusalén la caja de la barbarie nazi olvidada con el paso de la guerra fría, fue que el Mossad localizó a Eichmann gracias al fiscal alemán. Entonces se atribuyó un papel determinante a Simon Wiesenthal, cuya oficina en Viena se dedicaba a localizar precisamente a antiguos nazis. Era una cortina de humo para proteger a Bauer, quien podría haber tenido problemas en Alemania al facilitar información confidencial a un Estado extranjero. Tampoco trascendió que los agentes israelíes hubieran desechado por dos veces que el hombre que señalaba Lothar Hermann fuera Adolf Eichmann y que, durante algún tiempo, fuera buscado en El Cairo. Harel envió a uno de sus veteranos agentes, Ephraim Hofstaedter, para que interrogara a Lothar y averiguara la verdad sobre las revelaciones hechas a Fritz Bauer por carta. Su primer encuentro fue un golpe duro de digerir. Hofstaedter descubrió en Buenos Aires que Lothar estaba ciego: el testigo que decía haber identificado a Eichmann ni siquiera veía. Los agentes del Mossad llegaron a la conclusión de que el ocupante de la casa en la calle Garibaldi era Francisco Schmidt, no Ricardo Klement. Schmidt era el dueño de la vivienda, pero no su inquilino. Lothar estaba en lo cierto, pero sus pruebas no convencieron a los israelíes, mientras que Bauer, que no dudó de Lothar durante la investigación, siguió insistiendo en que Klement era la identidad falsa bajo la que se escondía Adolf Eichmann. La antigua cruz gamada proyectaba otras sombras: el que sería jefe de la BKA —la policía criminal alemana—, Paul Dickopf, había pertenecido a las SD, el servicio de inteligencia de las SS; Reinhard Gehlen, el jefe de los servicios secretos alemanes (BND) durante la etapa de Adenauer, había sido el máximo responsable del espionaje nazi en el Frente Oriental, y el propio jefe de la cancillería, Hans Globke, tenía también un pasado salpicado en las consignas del Reich.

Fritz Bauer, que iniciaría el primer proceso en Alemania contra los responsables de Auschwitz, era consciente de los obstáculos que encararía en Alemania. Lo más grave, sin embargo, es que mientras el Mossad y Bauer realizaban toda clase de pesquisas respecto a Eichmann, el servicio secreto alemán lo tenía localizado desde al menos seis años antes. El documento, al que tuvo acceso un agente de la CIA de Estados Unidos, era una ficha que reportaba las actividades de Eichmann en Argentina desde 1952. En ella se indicaba que se podía obtener su dirección a través de Eberhard Frisch, dueño de la revista bonaerense *Der Weg*.[202] El informe explicaba, además, cómo Eichmann había llegado a Buenos Aires vía Roma con el nombre falso de Klement.[203] Se pidió a la embajada alemana en Argentina que reportara cualquier información sobre él, pero no se pronunciarían hasta después del secuestro por parte de los agentes israelíes. El «milagro alemán», la amenaza soviética y el nuevo orden mundial, con Estados Unidos al frente del bloque capitalista, habían enterrado al nacionalsocialismo, hasta que Ben-Gurión lo llevó al primer plano de la actualidad mundial con el juicio televisado de Eichmann en Jerusalén. Las víctimas y los testimonios del horror en los campos emergieron de nuevo en un desfile de testigos que, en muchos casos, no tenían estrictamente nada que aportar a la causa criminal contra Adolf Eichmann,

202. Bettina Stangneth, *Eichmann before Jerusalem. The unexamined life of a mass murderer.*
203. *Ibidem.*

como explicaría Hannah Arendt en su controvertida obra *Eichmann en Jerusalén: Un estudio sobe la banalidad del mal*. Las autoridades alemanas se negaron a pedir la extradición de Eichmann, algo inusual, puesto que se trataba de un ciudadano alemán, y una buena parte de sus crímenes se habían cometido en su territorio. Sigue sin conocerse con exactitud cómo los israelíes pudieron confirmar con una segunda fuente la identidad de Eichmann en Argentina para decidirse a secuestrarlo. La información que ya obraba en manos de la BND y la CIA revelaba que Klement no era ningún fantasma y pudieron obtenerla de alguno de los exiliados alemanes del círculo de Buenos Aires. A fin de cuentas era un secreto a voces para la pequeña comunidad de la inteligencia.

En Israel, Eichmann se presentó como un simple funcionario que acataba órdenes. Olvidó oportunamente que, de hecho, había ido más allá de las estrictas instrucciones cuando quiso continuar con las marchas de la muerte, a pesar de las objeciones de su superior, Heinrich Himmler. Durante el juicio testificó Joel Brand, que relató las negociaciones en Budapest y la actividad del Comité para el Rescate Judío. Kastner no podía hacerlo, porque había sido asesinado a tiros en 1956 por un ultraderechista. Antes, había ejercido la acusación en un juicio contra Michael Grunwald por unas alegaciones que le calificaban como colaborador de los nazis. El motivo que esgrimía Grunwald era que no hubiera difundido la realidad de Auschwitz cuando tuvo conocimiento de ello. Se sospechaba que Kastner no había querido interferir con Eichmann para las negociaciones de los 1.300 judíos que intentaba que fueran llevados a Suiza. El juez falló en contra de Kastner, que un año después sufriría el atentado.

En el estrado, el hombre que se había jactado de haber batido los récords de deportaciones en Hungría siguió esgrimiendo su papel de burócrata gris que no se cuestionó nunca las órdenes. El comportamiento de Eichmann daría lugar a la teoría de Hannah Arendt sobre la banalidad del mal, en la que esgrimió que una burocracia funcionarial constituida por personas obedientes podía convertirse en la mayor maquinaria asesina. Sus múltiples críticos han señalado, después de que fuera publicado, las principales objeciones: el cumplimiento de las leyes asesinas no se rigen por un simple acto de sumisión burocrática, quienes las siguen son asesinos o cómplices de su barbarie. Aunque probablemente el análisis de Arendt fuera correcto para miles de ciudadanos alemanes, su objeto de estudio era erróneo. Eichmann argumentó que como responsable de las deportaciones él no era responsable de sus muertes, sino solo de su traslado, siguiendo las órdenes de otros, que no cuestionó nunca. Aunque Arendt jamás eximió a Eichmann de sus actos como uno de los máximos responsables de la Solución Final, su teoría de la banalidad del mal incomodó a gran parte de los historiadores del exterminio nazi. También porque dirigió su dedo acusador, no solo hacia los nazis, sino también a las autoridades judías nombradas por los últimos como colaboradores por su egoísmo, estupidez o docilidad.

Eichmann se excedió en sus atribuciones a la hora de implantar la Solución Final en Hungría y el funcionariado obediente no fue solo alemán, sino esencialmente húngaro, formado por declarados antisemitas. La población no se reveló. En parte, porque existía una base antijudía suficiente para fomentar la indiferencia asesina.[204]

204. Ian Kershaw, *La Solución Final*.

Adolf Eichmann y Veseenmayer sabían perfectamente que, para llevar a cabo la eliminación de la población judía, declarar el país *Judenrein*, era casi imposible sin la colaboración activa y pasiva del resto de ciudadanos. Para ello, era crucial confiar la tarea a los propios húngaros y bajo su autoridad. Los hombres de las SS no tuvieron que hacer el trabajo sucio, sino que actuaron como directores de orquesta y asesores.

El juicio fue retransmitido por televisión al mundo bajo una gran expectación, aunque las laboriosas sesiones pronto hicieron decaer el interés. Se presentaron una gran cantidad de testimonios sobre los horrores de los campos de exterminio y de concentración, en cuya ejecución el papel de Eichmann fue de colaborador necesario, y se ignoraron, en cambio, otros que le retrataban como ejecutor.[205] Durante el tiempo que estuvo encerrado antes y durante el juicio, el antiguo oficial comenzó a escribir sus memorias en las que, a diferencia de las entrevistas con Sassen, se retrataba como en el juicio. Quiso hacer valer que la solución que él planteó al problema judío fue la política, no la física, por medio de las deportaciones a otros países fuera de Europa.[206] Es tan cierto que promovió esos planes como que se aplicó con interés en la tortura de los transportes de tren y las caravanas de la muerte, que hasta oficiales de las SS como Höss o Himmler rechazaron, aunque lo hicieron más por considerarlo poco eficiente y desagradable que por una cues-

205. Claude Lanzmann, *El último de los injustos*, documental. Benjamin Murmelstein señaló que no le llamaron a declarar cuando podía haber testificado sobre la participación directa de Eichmann en la noche de los cristales rotos.
206. Bettina Stangneth, *Eichmann before Jerusalem*.

tión humanitaria. Adolf Eichmann, teniente coronel de las SS, jefe de la sección IV del RSHA y uno de los presentes en la Conferencia de Wannsee, en donde se decidió la Solución Final, se declaró inocente. El 1 de junio de 1962 fue ahorcado.

Epílogo

Cuando Ángel Sanz Briz falleció en Roma en 1980, representaba a España en la Santa Sede. Bajo el titular «Fallece Sanz Briz, embajador de España ante la Santa Sede», el diario *ABC* le dedicó un generoso espacio para su obituario:

En su residencia romana del Palazzo de Spagna falleció en la mañana de ayer el embajador ante la Santa Sede, Ángel Sanz Briz. [...] Nacido en 1910, el señor Sanz Briz había entrado en la carrera diplomática, siéndole asignados cargos primero de secretario y luego de cónsul en El Cairo, durante dos años después en Estados Unidos y ulteriormente en Lima y en Suiza. En 1955 fue nombrado consejero de Embajada y en el año 1960 ministro plenipotenciario, ocupando aquel mismo año el puesto de embajador en Guatemala. Delegado de España en tres asambleas generales de las Naciones Unidas, ha sido embajador en Perú y en Holanda y presidente de la Delegación española en la XI Conferencia de Derecho Privado, que tuvo lugar en 1969 en La Haya. Después de representar al Gobierno español en Bélgica, el señor Sanz Briz fue el primer embajador español en la República Popular China. Como embajador español ante la Santa Sede, el señor Sanz Briz asistió a la firma de los acuerdos entre la Santa Sede y el Estado español, que a partir del día 3 de enero de 1979 sustituyen al Concordato del año 1953.

Destacado, un antetítulo remarcaba que «Fue el primer diplomático español en Pekín».

Ángel Sanz Briz, el español que inició las relaciones diplomáticas de España con la República Popular de China. Así se le recordaba. La nota no solo no se extendía en los detalles de los dramáticos acontecimientos de 1944, sino que ni se los menciona. De hecho, la extensa lista de destinos, que demuestran la gran carrera que tuvo, es errónea, porque falta en ella Budapest. Pero Sanz Briz no había pasado desapercibido en Israel. El Yad Vashem le otorgó el título de Justo entre las Naciones en 1966, mientras ejercía de embajador español en Ámsterdam. El Gobierno israelí contactó con él después de que el Yad Vashem recabara testimonios y los documentos de muchos de aquellos hombres y mujeres que salvaron su vida gracias al diplomático español. Comprobaron que fueron los pasaportes españoles expedidos por Sanz Briz los que les protegieron de una muerte segura. Sus hijos ni se enteraron porque no habló de ello, recibió el mensaje de los israelíes, lo comunicó al Ministerio de Asuntos Exteriores, como era su obligación, y obtuvo una respuesta negativa.

Franco no tenía relaciones diplomáticas con Israel, el asunto judío en España era tabú y las alianzas con los países árabes, una de las líneas maestras de la política exterior franquista.[207] La historia del zaragozano era conocida y estaba probada por miles de testimonios y documentos, y el título que le ofrecían era el más elevado del Gobierno de Israel para ciudadanos extranjeros, pero desde El Pardo fueron tajantes: no querían saber nada.

Aunque los ejércitos libraban la gran guerra en los frentes que pondría fin al régimen del terror nazi, la terrible historia del Holocausto y la de sus víctimas, verdugos y si acaso héroes, es la confrontación de los valores más elementales de la raza humana. Para oponerse a la eficiente máquina de asesinatos promocionada por el Estado en la que se convirtió el Tercer Reich, lo que había eran personas de a pie dispuestas a arriesgar su vida, en la mayoría de los casos a cambio de nada, por la simple percepción de hacer lo correcto: ayudar al prójimo, empatizar con la desgracia de otro ser humano. No fue una decisión tan sencilla; muchos carecieron del valor necesario para oponerse a un régimen opresor, amenazante, asesino. El miedo o la indiferencia hicieron su mella también. Otros se aprovecharon: las rencillas, odios y envidias acumulados durante años les arrebataron su humanidad. Pocos se unieron en contra de la barbarie. Al margen de la organización sionista, apenas había una resistencia organizada. En esas circunstancias, los judíos solo podían aferrarse a una esperanza: que la guerra y la derrota llegaran pronto. Sin embargo, frente a la burocracia asesina nazi se erigieron otros funcionarios al servicio de sus Estados. Las legaciones extranjeras eran —son— en sí mismas la extensión del Estado al que pertenecen fuera de sus fronteras. Aunque la percepción del

207. Entrevista a José García-Bañón, diplomático y yerno de Ángel Sanz Briz, Madrid, octubre de 2015.

Estado sea por definición impersonal, sus gobiernos no lo son y sus funcionarios tampoco. Ángel Sanz Briz no tenía más armas contra la injusticia y asesinato de los judíos húngaros que su propia humanidad, compasión, esfuerzo y valor, que hubiera acabado probablemente en la defensa de un puñado de personas acogidas en su casa, como de hecho hizo. Pero como encargado de Negocios de una legación extranjera, en su caso máximo representante de los intereses del Estado español, su alcance era bien distinto. Si Eichmann y los miembros del Gobierno húngaro, con los diligentes Baky y Endre, se parapetaban en los mandatos de las leyes y las directrices aprobadas para cometer las atrocidades contra los judíos, Sanz Briz dependía de un Estado que le facultase para defenderlos. La constatación de la tragedia húngara de los terribles informes sobre las cámaras de gas en Auschwitz y la decidida condena internacional le abrieron por fin el camino, aunque ya fuera demasiado tarde para medio millón de ellos. Aprovechó las funciones y órdenes encomendadas por el régimen de Franco para volcarse en la protección del máximo número de judíos. Durante el tiempo que estuvo en Budapest, las autoridades se encargaron de difundir su labor en las embajadas de Estados Unidos y Gran Bretaña. España quería apuntarse un tanto político. Cuando la condena internacional fue insoslayable en 1946 ante la nueva organización de las Naciones Unidas, aún se utilizaría su labor para aportar algo de luz a las sombras de la neutralidad española durante la Segunda Guerra Mundial. Sin embargo, lo que ocurrió en la legación española de Budapest se olvidó. Sanz Briz no hizo nada especial para que se reconociera su labor: concedió un par de entrevistas, de limitadísima circulación, y no dejó escritas unas memorias. Ni quería, ni necesitaba encumbrarse o sacar provecho de ello, y mucho menos justificarse, los motivos más habituales. En definitiva, se aplicó el consejo que le dio a Giorgio Perlasca al finalizar la guerra: siguió con su vida. Su familia, que ha atendido y colaborado en todas las iniciativas para recuperar su memoria, no ha promovido, en cambio, ninguna de ellas. Hubo que esperar a que desapareciera el régimen franquista para que Israel y España restablecieran relaciones diplomáticas y se concediera por segunda vez el título honorífico. Fue póstumo. Para entonces ya se había publicado *El arca de Schindler* y poco después, en 1991, Steven Spielberg fijaría la atención de nuevo en la Solución Final. La historia de Sanz Briz despertó muy lentamente. Otras investigaciones vendrán. Bienvenidas sean.

Apéndices

Documento 1

Budapest, 15 de Julio de 1944

S/el problema judío en Hungría

Núm. 135
EUROPA

Excmo. Señor.

Muy Sr. Mío: Adjunto y como continuación informativa a mis despachos anteriores sobre este mismo asunto, tengo el honor de remitir a V.E. una relación de la legislación, extractada, antisemita promulgada por el Gobierno de este país en las últimas semanas.

Aunque en el transcurso de las mismas la actividad legislativa del nuevo Gabinete parece haber cejado un tanto, no por eso deja de figurar en el primer plano de actualidad, al lado de las preocupaciones de la guerra y de los problemas de política interior, el problema judío en todos sus aspectos e incidencias.

Tampoco la prensa en general se expresa en el tono de estridencia y acritud que en principio usó contra la raza semita. Esta, por su parte, soporta con la resignación y pasividad que le son propias los vejámenes que en todos los órdenes de la vida le han sido impuestos por el nuevo Gobierno, convencidos sin duda los miembros de su comunidad de que en el actual estado de cosas cualquier otra posición que adoptaran, si ello fuera posible, no había de hacer sino agravar aún más los males que le acarrea la insegura situación actual del país. Quizás influya en todo ello el que, por la actitud enérgica de S.A.S. el Regente de Hungría, las deportaciones en masa de israelitas han cesado de unos días a esta parte. Cuéntase a este propósito que de los 800.000 judíos que vivían en este país han sido ya deportados a destinos desconocidos unos 500.000.

Dios guarde a V.E. muchos años.

El encargado de Negocios

Ángel Sanz Briz

Excmo. Señor Ministro de Asuntos Exteriores

Documento 2

Nota verbal

El Ministerio de Asuntos Exteriores saluda atentamente a la Embajada de los Estados Unidos de América y en contestación a su Nota Verbal N° 3.357, de fecha 14 de los corrientes, se complace en manifestarle que en cumplimiento de órdenes telegráficas cursadas por este departamento, comunica el Ministerio de España en Budapest que se ha conseguido extender oficialmente la protección española a 300 judíos residentes en aquella capital.

Se han expedido además cerca de 2.000 cartas de protección con las que, hasta ahora, se ha conseguido evitar el internamiento en campos de concentración o la deportación de otros tantos judíos. Estos protegidos son concentrados en determinadas casas de la ciudad en tanto puedan trasladarse al extranjero.

Al propio tiempo se han cursado las oportunas instrucciones a la Legación de España en Berna para que solicite la colaboración del Gobierno suizo a fin de conseguir el traslado a su territorio de un grupo de sefarditas cuya liberación del Campo de Bergen-Belsen ya había interesado la Embajada de España en Berlín.

Madrid 16 de noviembre de 1944.

Documento 3

Vichy, 29 de septiembre de 1943

Asunto: Paso clandestino de la frontera española
(Sobreescrito a máquina «El peligro judío»)

Excmo. Sr:

Me permito acompañar a V. E. de los oficios enviados por el vicecónsul de España en Marsella, Sr. de Rafael, referente al paso clandestino de la frontera española y a la actitud de una señorita empleada en el Viceconsulado de Niza.

Por su nombre parece judía la empleada cesante y no deben de estar muy lejos de estos asuntos no solo los judíos franceses, sino algunos sefarditas considerados más o menos como españoles, cuyas actividades, en ciertos [corregido de «algunos»] pueden ser peligrosas.

Hay entre ellos, evidentemente, personas honorables y de buenos sentimientos hacia España. Pero según los Cónsules que les conocen bien, la mayoría inmensa han sido rojos o indiferentes durante la Guerra Civil, no han hecho servicio militar de ninguna especie y utilizan este especial título de español, que el glorioso dictador Primo de Rivera les concedió en un momento de generoso optimismo, para defender exclusivamente sus intereses.

La tendencia de los judíos, sefarditas o no, a entrar en España, ilegalmente y en especial, y hasta quizá legalmente, puede llegar a constituir un problema. Me hablaba ayer con preocupación nuestro cónsul en Lyon del número importante de judíos que solicitan visados para España. No necesitan las gentes de esta raza ser excesivamente numerosas para ejercer su influencia, en estos momentos ya se sabe en cuál sentido. Disimuladamente, si pudieran, buscarían el modo de eludir la obra inolvidable de los Reyes Católicos en 1492, cuando el mundo entero procura imitarla con más o menos disimulo.

Dios guarde a V. E. Muchos años.

El Embajador de España:

José. F. De Lequerica.

Documento 4
(Carta de la legación española en Budapest a Jenő Sorg)

(TRADUCCIÓN)

Legación de España
BUDAPEST

Budapest, el 8 de diciembre de 1944.

Estimado Señor Director:

Usted ha tenido la bondad de ayudar a esta Legación consiguiendo nuevas casas para nuestros judíos protegidos, interviniendo en su interés ante estas Autoridades y, gracias a todo ello, hemos podido ofrecer protección a 500 judíos adicionales.

Le agradezco sus amables y abnegados esfuerzos. Asimismo le agradecemos los alimentos y combustibles que ha conseguido para nuestros judíos protegidos y el dinero que les donó.

Reciba, estimado Director, la expresión de mi más alta consideración.

(firma)

El encargado de Negocios de España

Documento 5

Budapest, 15 de septiembre de 1944
(Registro 11 de nov. Entrada 13 de noviembre)

Disposiciones sobre el trabajo obligatorio en Hungría

La situación del problema de la mano de obra en paro exige una solución radical y de envergadura, pues solo en Budapest hay varios millares de judíos que se encuentran parados sin trabajo desde hace ya varios meses. Y durante todo este tiempo Hungría viene sufriendo de una gran falta de mano de obra, especialmente para trabajos auxiliares y de la industria bélica...

Se echará mano, en primer lugar, de los judíos. Estos serán sometidos previamente, como todas las demás personas afectadas por las disposiciones de esta ley, a un reconocimiento médico, de cuyo resultado penderá la clase de trabajo a que el interesado haya de ser destinado. Se crearán comisiones para la organización de este servicio que tendrán entre otras misiones la de recorrer las casas habitadas por judíos para llevar a cabo las indagaciones administrativas preliminares que exige la organización y ejecución de estos planes de trabajo. Estas comisiones levantarán sobre el terreno relaciones de las personas que con arreglo a la ley vengan obligadas a la prestación personal, en las que se hará constar detalladamente las condiciones y aptitudes que reúna cada individuo, su estado de salud, capacidad física y mental, etc.

Hecho lo cual se destinará a casi todos los judíos en campos de trabajo, y puesto que no es posible dejar solos a los niños y ancianos, las autoridades cuidarán de colocarles colectivamente. Las personas ancianas serán a este efecto recluidas en casas a propósito y los niños serán confiados a otros establecimientos especiales y asimismo bajo tutela de la Cruz Roja Húngara.

Las disposiciones de la ley afectan por igual a judíos, por los que los israelitas exceptuados por la ley del uso de la estrella-distintivo no tendrán derecho a que con ellos se haga excepción.

Posteriormente, por decreto 6 del corriente, las restricciones relativas a la salida de casa de los judíos han sido modificadas. En vez de que antes se les permita salir a la calle a partir de las once de la mañana, ahora no podrán salir hasta antes del mediodía. De todos modos podrán hacer sus compras y diligencias entre esta hora y las cinco de la tarde. En cambio las horas permitidas de salida los domingos no han sufrido variación.

El encargado de Negocios

Firma: Ángel Sanz Briz

Documento 6

Berna, 14 diciembre de 1944

ASUNTO: Sobre protección judíos realizada por
la Legación de España en Budapest

Excmo. Señor.

Muy Sr. Mío: Con referencia a los telegramas de V.E.
números 78 y 82 relativos a la protección de israelitas húngaros, paso a continuación a informar a V.E. de la manera
en que dicha protección se ha llevado a la práctica.

Al iniciarse la gestión por esta Legación de España
cerca de las autoridades del Ministerio de Negocios Extranjeros húngaro para obtener el derecho a la protección de judíos, las autoridades húngaras, refractarias en
principio a autorizar protecciones realizadas después del
15 de Octubre, fecha del golpe de Estado, accedieron a
conceder a esta Representación un cupo de 100 personas. Este cupo reducido fue ampliado posteriormente
después de laboriosas gestiones, hasta 300 israelitas. Estos fueron provistos de un pasaporte provisional, redactado en francés y de un formato totalmente distinto del
de los pasaportes ordinarios. En muchos de los pasapor-

tes provisionales fueron incluidas diversas personas de la misma familia, con lo que resulta que en un total de unos 235 pasaportes (de dicha clase) expedidos, han quedado protegidas 352 personas, cifra ligeramente superior a la autorizada por este Ministerio de Negocios Extranjeros.

Las protecciones realizadas por esta Legación no se han limitado al número de israelitas señalado. Aprovechando la confusión y anarquía reinantes en el país, esta Representación, creyendo obrar en el sentido de las instrucciones de V.E. contenidas en su telegrama n. 78, procedió a la expedición de un documento llamado «Carta de protección», en el que se hace constar que su titular tiene parientes en España y que se encuentra bajo la protección de esta Representación. Dicho documento era, en principio, suficiente para evitar la deportación o internamiento de su titular. De estas cartas de protección se hizo beneficiarios a 1.898 israelitas, la mayor parte de los cuales han sido salvados.

Por último, el abajo firmante tuvo ocasión de comprobar la existencia en Budapest de un reducido número de sefarditas, emigrados del antiguo Imperio Otomán y que han conservado su lengua española. A estos, cuyo número asciende a 45 personas, les fueron expedidos pasaportes ordinarios, en número de 15 y en los que quedaron incluidas las 45 personas mencionadas.

Tanto en los pasaportes provisionales como en los ordinarios, expedidos a los israelitas húngaros, se ha hecho constar que no podrán ser renovados sin una autorización especial de ese Ministerio de Asuntos Exteriores. El plazo de validez señalado es el de 3 meses.

La razón de haber expedido dos clases distintas de pasaportes obedece a la razón siguiente:

El Gobierno húngaro decretó hace pocos días que todos los judíos protegidos por las Legaciones debían ser internados en un getho especial. A estos efectos fue acotada una determinada zona de Budapest, situada en las proximidades del puente de Sta. Margarita. En ella fueron asignados un determinado número de inmuebles a las respectivas Legaciones que tenían protegidos, en proporción a la cuota de judíos reconocida por las autoridades húngaras a cada una de las Legaciones. Como el número de judíos protegidos era en todos los casos notoriamente superior al de la cuota reconocida por el Gobierno, resultó que las casas destinadas a albergarlos eran insuficientes, con lo que se ha producido un verdadero hacinamiento, origen de enfermedades e incomodidades, pero en todo caso preferible a la deportación o al campo de concentración. Por otra parte, era totalmente imposible obtener que las autoridades húngaras reconociesen a los judíos protegidos como verdaderos españoles. En estas condiciones y teniendo en cuenta la política tradicional de las Autoridades españolas hacia los sefardíes, opté proveer a estos con pasaportes ordinarios, salvándolos así de su internamiento en el getho.

La gran desproporción entre el número de judíos cuya protección por esta Representación había sido autorizada por el Gobierno húngaro y los que en la práctica han sido salvados, no ha pasado desapercibida a estas autoridades, las que en repetidas ocasiones me han señalado su intención de evacuar de las casas españolas el excedente de 300 personas. Para evitar esta posibilidad envié una nota al Ministerio de Negocios Extranjeros en la que expuse que la protección de los sefardíes era política tradicional de las autoridades españolas; que dicha protección había sido siempre respetada por los países europeos en los que se había planteado el problema judío, y a este respecto cité los casos de Bulgaria y Rumanía. Por último, añadí que el propio Gobierno alemán, en su calidad de potencia ocupante, había, a petición de las autoridades españolas, respetado a los judíos sefardíes, imponiendo como condición el que fueran transportados a España. Como esta condición había sido aceptada por el Gobierno español con respecto a los judíos protegidos en Hungría, esperaba que las autoridades nos concederían las mismas facilidades en nuestra gestión que las otorgadas por el Gobierno del Reich. Hice, además, notar la injusticia que supondría hacer una diferenciación de tipo puramente cuantitativo, permitiéndosenos proteger a un número de personas, dejando indefensas a otras que tenían idéntico derecho a iguales lazos con España.

Tengo la impresión que esta argumentación ha producido cierta impresión en el Ministro de Negocios Extranjeros. En todo caso, he conseguido ganar tiempo y evitar, como ha ocurrido con número bastante crecido de protegidos de Suecia y especialmente de Suiza, que fueran sacados de las casas para ellos asignadas en el gheto de extranjeros y deportados.

Adjunto tengo la honra de elevar a manos de V.E. listas duplicadas de los judíos protegidos por la Legación de España en Budapest, clasificados con arreglo a las tres categorías mencionadas.

Dios guarde a V.E. muchos años.

EL ENCARGADO DE NEGOCIOS

Ángel Sanz Briz
Excmo. Señor Ministro de Asuntos Exteriores.

Documento 7

Telegrama
Recibido a las 13 hrs del 14 de mayo de 1945

De Bruselas a las 12,18 hrs de 12 de mayo de 1945

79 sefarditas españoles en Atenas y Salónica han llegado Bruselas procedentes de campo concentración Bergsen Hanovre (¿) solicitan reintegrarse sus domicilios Grecia excepto cinco desean trasladarse a España al lado de familiares. Desprovistos algunos documentación desaparecida en Alemania. Carecen totalmente de recursos. Agradeceré V. E. Instrucciones en cuanto posibilidad sufragar gastos viaje hasta París o Marsella donde consulados podrían procurarles medios continuarlo. Ruegan se telegrafíe Legación Atenas para que familiares sepan miembros colonia israelita española aquel campo concentración están sanos y salvos. Arístegui
    Anotado a lápiz:
    Del orden del ministro que se le den toda clase de facilidades pero que no vengan a España.

                    Remite Legación Bruselas y Atenas

Documento 8

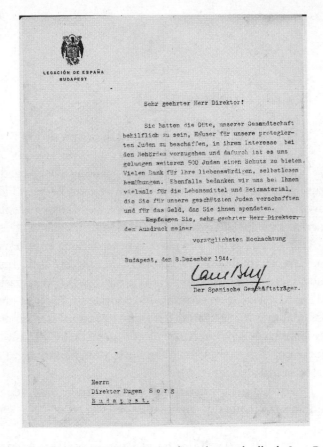

LEGACIÓN DE ESPAÑA
BUDAPEST

Sehr geehrter Herr Direktor!

Sie hatten die Güte, unserer Gesandtschaft
behilflich zu sein, Häuser für unsere protegier-
ten Juden zu beschaffen, in ihrem Interesse bei
den Behörden vorzugehen und dadurch ist es uns
gelungen weiteren 500 Juden einen Schutz zu bieten.
Vielen Dank für Ihre liebenswürdigen, selbstlosen
Bemühungen. Ebenfalls bedanken wir uns bei Ihnen
vielmals für die Lebensmittel und Heizmaterial,
die Sie für unsere geschützten Juden verschafften
und für das Geld, das Sie ihnen spendeten.
Empfangen Sie, sehr geehrter Herr Direktor,
den Ausdruck meiner

vorzüglichsten Hochachtung

Budapest, den 8.Dezember 1944.

Der Spanische Geschäftsträger.

Herrn
Direktor Eugen S o r g
B u d a p e s t.

Carta de la legación dirigida a Jenő y firmada con el sello de Sanz Briz. 8 de diciembre 1944. En ella se reconoce la ayuda del empresario para el establecimiento de las casas. Archivo László Sorg.

Documento 9

LEGACIÓN DE ESPAÑA
BUDAPEST

Excellence !

Avant la guerre les relations commerciales entre la Hongrie et l'Espagne étaient des plus florissantes. La sympatie profonde qui liait nos deux pays ne faisait qu'accentuer les liens d'amitié déjà existants. Hélas, les difficultés de transport et de devises survenues par suite de la guerre, ont non seulement empêché le dévéloppement de ces relations, mais ont provoqué d'autres difficultés pour ainsi dire insurmontables.

Je crois fermement que des deux côtés, il existe un désir sincère de reprendre ce contact économique agréable, aussitôt après la guerre. Nous avons projeté donc dèsmaintenant de faire les travaux préparatifs qu'exige cette organisation, pour que nous ayons des plans déjà tout faits pour le temps où les frontières seront de nouveau ouvertes.

Pour l'exécution de ces plans j'ai désigné mon ami Jenő Sorg, qui durant les dernières années, a fait des preuves aussi bien dans la vie commerciale que dans le domaine de l'industrie. Sa personne serait une garantie pour les deux pays, de manière que l'amitié profonde et traditionnelle déjà existante ne soit entamée de rien, et puisse continuer à se manifester dans l'avenir aussi.

Du côté espagnol, Monsieur Jenő Sorg jouira de tout appui qu'il aura besoin pour pouvoir continuer ses travaux déjà en préparation. Je m'adresse donc à vous, Excellence, avec la prière de bien vouloir accorder à Monsieur Jenő Sorg les mêmes faveurs efficaces qu'il reçoit du côté espagnol.

Je vous prie, Excellence, d'agréer l'expression de ma haute considération.

Chargé d'Affaires d'Espagne.

Son Excellence
Monsieur Zoltán de BAGOSSY
Envoyé Extraordinaire et Ministre Plénipotentiaire de Hongrie
Budapest.

Carta de la legación dirigida al ministro Zoltan Bagossy, reconociendo a Jenő Sorg como enlace comercial con España. Firmada con el sello de Sanz Briz. 2 de diciembre 1944. Archivo László Sorg.

Documento 10

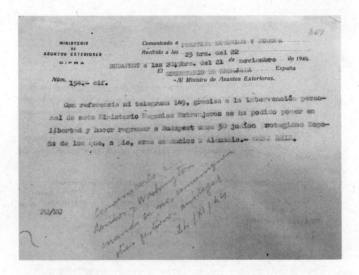

Telegrama de Ángel Sanz Briz al Ministerio de Asuntos Exteriores informando del rescate de 30 judíos protegidos por la legación española de las marchas de la muerte. Budapest, 22 de noviembre de 1944. AGA

Documento 11

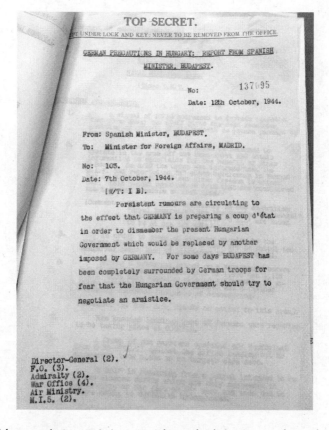

GERMAN PRECAUTIONS IN HUNGARY: REPORT FROM SPANISH
MINISTER, BUDAPEST.

No: 137695

Date: 12th October, 1944.

From: Spanish Minister, BUDAPEST.
To: Minister for Foreign Affairs, MADRID.

No: 103.
Date: 7th October, 1944.

[W/T: I B].

Persistent rumours are circulating to
the effect that GERMANY is preparing a coup d'état
in order to dismember the present Hungarian
Government which would be replaced by another
imposed by GERMANY.   For some days BUDAPEST has
been completely surrounded by German troops for
fear that the Hungarian Government should try to
negotiate an armistice.

Director-General (2).
F.O. (3).
Admiralty (2).
War Office (4).
Air Ministry.
M.I.5. (2).

Telegrama de Sanz Briz interceptado por los británicos en el que el español informaba a Madrid de los movimientos de los alemanes para el golpe de Estado de octubre. Archivos Nacionales de Inglaterra.

Bibliografía

DOCUMENTOS

Archivo familiar de Pilar Sanz Briz y José García-Bañón.
Archivo General de la Administración, Alcalá de Henares, Documentación del Ministerio de Asuntos Exteriores.
Archivos Nacionales de EE. UU.: F. D. Roosevelt Library, OSS Files, War Refugee Board, Henry Morgenthau Diaries.
Archivos Nacionales de Reino Unido, Kew, Londres, Foreign Office Correspondence.

LIBROS

ANGER, Per, *With Raoul Wallenberg in Budapest*, Waldon Press, Nueva York, 1981.
ARENDT, Hannah, *Eichmann en Jerusalén. Un estudio sobre la banalidad del mal*, Lumen, Barcelona, 1999.
AVNI, Haim, *España, Franco y los judíos*, Altalena Editores, Madrid, 1982.

BASSET, Richard, *El enigma del almirante Canaris: Historia del jefe de los espías de Hitler*, Crítica, Barcelona, 2006.

BAUER, Yehuda, *Rethinking the Holocaust*, Yale University Press, New Haven, 2002.

BRAHAM, Randolph, L., *The Politics of Genocide. The Holocaust in Hungary*, Wayne University Press, Detroit, 2000.

COLE, Tim, *Holocaust City. The Making of a Jewish Ghetto*, Routledge, Nueva York y Londres, 2003.

COLLADO SEIDEL, Carlos, *El telegrama que salvó a Franco*, Crítica, Barcelona, 2016.

DOBOS, Erzsébet, *Salvados*, Globook Publishing, Budapest, 2015.

EICHMANN, Adolf, *False Gods: The Jerusalem Memoirs*, Black House, Londres, 2015.

ESPADA, Arcadi y Sergio CAMPOS, *En nombre de Franco. Los héroes de la embajada española en el Budapest nazi*, Crítica, Barcelona, 2013.

FRIEDMAN, Chaim Schlomo, *Dare to Survive*, C.I.S Publishers, Nueva York, 1991.

FRILING, Tuvia, *Secret Intelligence and the Holocaust*, Enigma Books, Nueva York, 2006.

GILBERT, Martin, *The Righteous: The Unsung Heroes of the Holocaust*, Henry Holt and Company, Nueva York, 2003.

HASTINGS, Max, *La guerra secreta 1939-1945: Espías, códigos y guerrillas*, Crítica, Barcelona, 2016.

Horthy, Nicholas, *Admiral Nicholas Horthy: Memoirs*, trad. y notas de Andrew L. Simon, Simon Publications, Safety Harbor, 2000.

HÖSS, Rudolph, *Death Dealer: The Memoirs of the SS Kommandant at Auschwitz*, Steven Paskuly (ed.), Da Capo Press, Boston, 1996.

KASTNER, Rudolf [Rezso Kasztner], «The Report of the Budapest Jewish Committee, 1942-1945», informe presentado durante el juicio a Adolf Eichmann y registrado como T/1113 (BO6-900, Vol. II, pp. 908-910).

KERSHAW, Ian, *Hitler, los alemanes y la Solución Final*, La Esfera de los Libros, Madrid, 2009.

LEITZ, Christian, «Spain and the Holocaust», *Holocaust Studies. A Journal of Culture and History*, volumen 11, n.º 3, 2005.

LEVINE, Paul A., «One Day During the Holocaust: An Analysis of Raoul Wallenberg's "Budapest Report" of 12 September 1944», *Holocaust Studies. A Journal of Culture an History*, vol. 11, n.º 3, 2005.

LISBONA, José Antonio, *Retorno a Sefarad. La política de España hacia sus judíos en el siglo XX*, Riopiedras Ediciones, Barcelona, 1993.

MARQUINA, Antonio y Gloria Inés OSPINA, *España y los judíos en el siglo XX. La acción exterior*, Espasa, Madrid, 1987.

MOLNÁR, Judit, «The Foundation and Activities of the Hungarian Jewish Council, March 20th-July 7th, 1944», *Yad Vashem Studies*, n.º 30, 2002.

ROHR, Isabelle, *The Spanish Right and the Jews, 1989-1945*, Sussex Academic Press, Eastbourne, 2008.

ROTHER, Bernd, *Franco y el Holocausto*, Marcial Pons, Madrid, 2005.

SCHMIDT, Paul, *Europa entre bastidores. Del Tratado de Versalles al juicio de Nuremberg*, Destino, Barcelona, 2005.

STANGNETH, Bettina, *Eichmann Before Jerusalem. The Unexamined Life of a Mass Murderer*, The Bodley Head, Londres, 2014.

SUÁREZ, Eugenio, *Corresponsal en Budapest, 1946*, Fundación Mapfre, Madrid, 2007.

VÁGI, Zoltán, László CSÖSZ y Gábor KÁDÁR, *The Holocaust in Hungary. Evolution of a Genocide*, Altamira Press-United States Holocaust Memorial Museum, Maryland, 2013.

VIÑAS, Ángel, Sobornos, *De cómo Churchill y March compraron a los generales de Franco*, Crítica, Barcelona, 2016.

VON HASSEL, Agostino, *Alliance of Enemies. The Untold Story of the Secret American an German Collaboration to End World War II*, St Martins Griffin, Nueva York, 2006.

VRBA, Rudolf, «The Preparation for the Holocaust in Hungary: An Eyewitness Account», en Randolph L. Braham y Scott Miller (eds.), *The Nazis' Last Victims: The Holocaust in Hungary*, Wayne University Press, Detroit, 1998.

WALLER, Douglas, *Wild Bill Donovan: The Spymaster Who Created the OSS and the Modern American Espionage*, Free Press, Nueva York, 2011.

WIGGS, Richard, *Churchill y Franco. La política británica de apaciguamiento y la supervivencia del régimen, 1940-1945*, Debate, Barcelona, 2005.

Agradecimientos

Esta historia tiene una deuda con el esfuerzo desinteresado y generoso de las personas que me ayudaron, guiaron y facilitaron la tarea de reconstruir y entender los acontecimientos de 1944. En Budapest conté con la hospitalidad y generosa colaboración de la investigadora húngara Erszébet Dobos, quien me enseñó un pedazo de la ciudad de 1944 y me ilustró con su experiencia sobre la memoria de los que vivieron la persecución; del historiador y superviviente de una de las casa españolas, Ivan Harsányi, que accedió a relatarme su propio recuerdo de aquellos terribles días y compartió sus archivos. Además, la inestimable colaboración y acogida que me brindaron en la embajada española en Budapest, quienes han tomado como propia la tarea de preservar y ampliar la memoria de su predecesor, sirviendo de enlace para todas las investigaciones y cabos sueltos sobre la historia. Especialmente, al embajador José Ángel López-Jorrín, quien me abrió las puertas de la embajada de la calle Eötvös para mostrarme el lugar original donde ejerció su increíble labor Ángel Sanz Briz durante aquellos frenéticos meses de 1944 y al cónsul Antonio Pérez-Hernández

Durán, consejero cultural de la embajada, quien, desde el primer momento en que le pedí ayuda y consejo para la investigación, me facilitó todos los contactos necesarios para iniciar mi andadura en Budapest, además de compartir toda la información de la que disponían. Zsuzsanna Kálman y Gábor Gordon, de la fundación Marcha de la vida de Budapest me ayudaron a comprender la postura frente al Holocausto del pueblo húngaro en 1944: su labor, además, trasciende al pasado y se adentra en sensibilizar sobre la tolerancia hoy en día, uno de los retos de la Europa actual. Estoy también en deuda con László Sorg, quien me mostró los archivos de su familia y colaboró con ilusión rebuscando entre los papeles de su padre cada vez que me adentraba en su historia y con Gábor Toth, quien no solo detalló la historia de los Zsigmond y su relación con Madame Tournée, aportando fotografías, sino que se volcó también en la investigación sobre las casas españolas y los papeles de László Sorg, junto a Anikó Polcz, quien tradujo y ordenó las informaciones sobre los Zsigmond. En Londres, además de Thomas y Judith Konrad, que me contaron sin reservas los terribles recuerdos de la persecución a la que fueron sometidos, agradezco los consejos de la escritora Agnes Grunwald-Spier, quien ya había escrito sobre los Justos entre las Naciones y quien me relató la propia huida de su madre de Budapest. Agradezco especialmente la gran amabilidad de Adela Sanz Briz, quien estuvo siempre dispuesta a conversar sobre todo lo que recordaba sobre su padre y lo que él contaba de sus días en Budapest, a Pilar Sanz Briz, por su compresión y ayuda cuando me dediqué a escarbar en la vida de su padre, y al también diplomático José García-Bañón: ambos me abrieron las puertas de su casa y accedieron a acogerme todas las veces que se lo pedí, además de prestarme documentos, fotografías y libros. Los consejos de Javier Redondo fueron muy valiosos, y su apoyo en la redacción, un balón de oxígeno. Yolanda Cespedosa de Ediciones B me condujo a esta aventura y su trabajo y el del resto de su equipo han sido esenciales para su resultado final. Este libro no lo podría haber escrito sin el aguante, las lecturas y la activa colaboración de mi mujer, Belén Urcelay Igartua, que además inspeccionó conmigo los archivos y transcribió varios de los documentos.

Índice

SEPTIEMBRE-OCTUBRE

Otros títulos

Los últimos españoles de Mauthausen

CARLOS HERNÁNDEZ DE MIGUEL

«Tenía que intentar contar nueve mil historias, una por cada uno de los españoles y españolas que pasaron por los campos de concentración nazis. Sentía la necesidad de reflejar sus anhelos, viajar con ellos en esos fatídicos trenes de la muerte, acercarme a su sufrimiento en los campos, a la solidaridad en que se apoyaron para tratar de sobrevivir, a su alegría durante la liberación y a su frustración ante la imposibilidad de volver a su patria. Para ello visité a los pocos supervivientes que aún pueden hablar en primera persona. Conocerles ha sido uno de los mayores privilegios que me ha dado la vida.»

En este libro se habla de víctimas y de verdugos. Los últimos españoles supervivientes de los campos de exterminio nazis nos recuerdan su sufrimiento y la forma en que perdieron a miles de compañeros a manos de los siniestros miembros de las SS. Sus palabras nos llevan a un mundo de torturas inimaginables, pero también de dignidad, solidaridad y resistencia.

Esta es la historia de esos hombres y mujeres que sobrevivieron o murieron entre las alambradas de Mauthausen, Buchenwald, Ravensbrück o Dachau. Y es también la crónica periodística que denuncia a los políticos, militares, empresarios y naciones que hicieron posible que más de nueve mil españoles fueran deportados a los campos de la muerte.

El pintor de Cracovia

JOSEPH BAU

El pintor de Cracovia es una de las memorias más increíbles que nos ha deparado el Holocausto.

El autor, Joseph Bau (a quien los nazis tatuaron el número 69084), protagonizó en la realidad una de las escenas recogidas por Spielberg en *La lista de Schindler*: su boda clandestina en el campo de concentración de Plaszow. Bau describe el Holocausto de principio a fin, sin perder jamás la humanidad, la dignidad ni el humor, y lo acompaña de poemas, ilustraciones y mapas, así como de un retrato de Oskar Shindler.